Reformed Protestant Dutch Church

Evangelische Kinder-Harfe für christliche Schulen

Reformed Protestant Dutch Church

Evangelische Kinder-Harfe für christliche Schulen

ISBN/EAN: 9783743325272

Hergestellt in Europa, USA, Kanada, Australien, Japan

Cover: Foto ©Lupo / pixelio.de

Manufactured and distributed by brebook publishing software
(www.brebook.com)

Reformed Protestant Dutch Church

Evangelische Kinder-Harfe für christliche Schulen

Evangelische

Kinder-Harfe

für

Christliche Schulen.

Herausgegeben von der
„Board of Publication" der ref.-prot.-niederl. Kirche,
Nr. 61 Franklin-Str., New-York.

1860.

Stereotypirt und gedruckt bei Gebrüder Erdmann,
170 — 172 Chatham-Str., New-York.

Vorwort.

Ein Liederbuch für die Jugend und namentlich für unsere Parochial- und Sonntagsschulen mit beigesetzten Melodien wurde längst vielfältig als Bedürfniß gefühlt. Soll der vortreffliche deutsche Gemeindegesang in der Kirche fortbestehen, so müssen die Kinder denselben in der Schule erlernen. In so fern haben die beigedruckten Noten in einem Kinderbüchlein einen vorzüglichen Werth; und dieß besonders in Parochialschulen, in welchen die Kinder so viel wie möglich an's Notensingen gewöhnt werden sollten.

Man hat deßhalb es als nothwendig angesehen, einen kurzen Musik-Unterricht vorangehen zu lassen, welcher besonders in Parochialschulen gebraucht, aber auch Denen, welche sich selbst unterrichten wollen, sehr dienlich werden kann.

In der Wahl der vorliegenden Lieder wurde so viel wie möglich der Zweck beachtet, dem Buche die möglichst größte Verschiedenheit der Lieder einzuverleiben. Daher wurden selten mehr als drei Verse (doch mit völligem Zusammenhang) aus einem Liede gewählt, außer in Liedern, welche für besondere Gelegenheiten bestimmt sind. In Parochial- sowohl als in Sonntagsschulen werden bei allen gewöhnlichen Gelegenheiten selten mehr als zwei, höchstens drei Verse gesungen.

Die Jugend für den kirchlichen Gesang heranzubilden, wurden in der Auswahl der Melodien die meisten der vornehmsten Kirchenmelodien beibehalten. Doch durfte es nicht unbeachtet bleiben, daß dies ein Buch für Kinder sein sollte; daher, daß von den besten und neuesten Melodien für Kinder, welche in Deutschland und theilweise auch hier gäng und gebe sind, aufgenommen wurden. In Fällen, da die beigedruckten Melodien nicht bekannt sein sollten, wird meistens für dasselbe Lied eine andere Melodie im Buche gefunden. Man sehe deßhalb im Melodien-Register nach, in welchem alle Lieder nach den verschiedenen Melodien, nach welchen sie gesungen werden, arrangirt sind. Wir weisen hier nur hin auf die Erklärung, die oben über dem Melodien-Register gefunden wird.

Gott begleite mit seinem reichen Segen diese „Kinder-Harfe," damit auch dadurch ihm „aus dem Munde der jungen Kinder und Säuglinge eine Macht zugerichtet" werde.

Kurze Anweisung zum Singen.

Musik besteht aus **T ö n e n**. Bei gewissen Instrumenten vereinigen sich mehre derselben nach bestimmten Regeln in Einen Klang (Akkord, Harmonie); die menschliche Stimme bringt nur einen Ton auf einmal hervor, dem im Gesange andere folgen (Melodie).

§ 1. Jeder Laut, d. i. alles was gehört werden kann, musikalisch beurtheilt, gibt **einen T o n**, deren er nur sieben gibt, c, d, e, f, g, a, h; die sich jedoch nach Höhe und Tiefe in Perioden (Oktaven) wiederholen.

§ 2. Diese Töne werden uns durch Zeichen dargestellt, die man **N o t e n** nennt  , und um ihre bezügliche Höhe oder Tiefe zu bezeichnen, stellt man sie auf den **N o t e n p l a n** und setzt die Noten entweder auf die **L i n i e n** oder in die **Z w i s c h e n r ä u m e** die beide immer von unten heraufgezählt werden. Sollte der Notenplan nicht hinreichend sein, um die Höhe und Tiefe der Töne zu bezeichnen, so setzt man zur Aushülfe kurze **O b e r l i n i e n** oder kurze **U n t e r l i n i e n** hinzu.

Um hohen sowohl wie tiefen Stimmen ihre Noten soviel wie möglich auf den Linien zu geben, und die Anhäufung von Ober- und Unterlinien zu verhüten, bezeichnet man eine Linie mit einer Note, von der aus die übrigen gerechnet werden. Dies Zeichen nennt man Schlüssel. Für unsern Zweck gebrauchen wir folgenden 𝄞 den man jetzt allgemein den Violinschlüssel nennt.

N. B. Außerdem gebraucht man für tiefe Stimmen noch den F oder Baßschlüssel. (Die Discant oder Sopran, Alt und Tenorschlüssel werden nur wenig mehr gebraucht.)

Die Namen der Noten sind also:

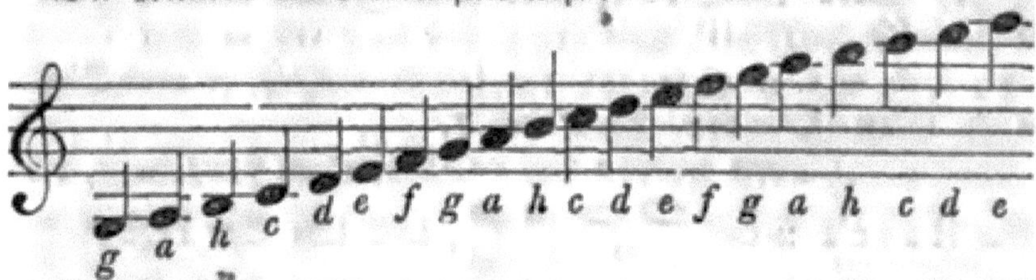
g a h c d e f g a h c d e f g a h c d e

N. B. Dieses Notensystem soll dem Gedächtniß wohl eingeprägt werden. Kinder werden es vortheilhaft finden, sich zu merken, daß die Anfangsbuchstaben des Sprüchleins: „Es geht hurtig durch Fleiß,“ gerade die Noten an den fünf Linien bezeichnen.

Es geht hurtig durch Fleiß,

und „Fort an Christi eigen“ die Zwischenräume.

Fort an Christi eigen.

§ 3. Das Gehör schon (genauer noch die akustischen Gesetze,) lehrt uns, daß die Abstufungen der Töne, wie sie in ihrer Reihenfolge verzeichnet, nicht immer gleichmäßig sind. Die Stufe zwischen den einzelnen Tönen ist entweder groß oder klein; sie heißt in jenem Falle ein **ganzer**, in diesem ein **halber** Ton. Bei jedem ganzen Ton kann das Gehör den zwischenliegenden halben Ton entdecken, bei halben Tönen aber keinen mehr.

§ 4. Die Reihenfolge von sieben Tönen in einer bestimmten Ordnung heißt man die **Tonleiter**. Diese Ordnung ist: 2 ganze Töne, 1 halber Ton, 3 ganze Töne, 1 halber.

| | || | | | ||

1 2 ½ 1 2 3 ½

Man kann also die Tonleiter, die Grundlage aller Melodie, von jeder beliebigen Note anfangen, wenn man nur die Stufenweise nach der festgesetzten Ordnung folgen läßt.

§ 5. Da darin aber halbe und ganze Töne abwechselnd folgen, muß öfters eine Stufe erhöht oder erniedrigt werden, um den betreffenden ganzen oder halben Ton hervorzubringen. Da unser Notensystem aber keinen Raum dazu bietet, bezeichnet man die Erhöhung um einen halben Ton durch ein **Kreuz** ♯, die Erniedrigung durch ein **Be** ♭. Auf diese Weise werden alle Tonarten gebildet.

2 ganze, 1 halber, 3 ganze, 1 halber.

In der Aussprache bezeichnet man das Kreuz durch die Anhängesilbe is, das Be durch Anhängesilbe es.

	c	d	e	f	g	a	h
♯	cis	dis	eis	fis	gis	ais	his.
♭	ces	des	es statt ees	fes	ges	as statt aes	b statt hes.

Wir lassen nun einige Tonleiter als Beispiel folgen:

Aufsteigend.
Absteigend.
C
G
fis
fis

D
fis cis cis fis
A
cis fis gis gis fis cis
E
fis gis cis dis dis cis gis fis
F
b b
B
b es b b es b
Es
es as b es es b as es
As
as b des es as as es des b as

Nach derselben Regel auch weiter: 5♯ H, 6♯ Fis, 7♯ Cis, Tonleiter, 5♭ Des, 6♭ Ges, 7♭ Ces Tonleiter, die wohl seltener vorkommen.

§ 6. Die Kreuze und Be werden zu Anfang der Tonleiter oder des Liedes (Musikstückes) gesetzt, bezeichnen die Tonart und gelten während des ganzen Stückes. Sollte aber während desselben Erhöhungen oder Vertiefungen nothwendig werden, so erscheinen sie **zufällig**, gelten aber dann nur bis zum nächsten Taktstrich (siehe unter § 10.) Um eine erhöhte oder vertiefte Note wieder auf ihre ursprüngliche Stufe zurückzusetzen, bedient man sich des Auflösers ♮. In schweren Tonarten gibt es auch doppelte Kreuze 𝄪 und doppelte 𝄫, die den Ton um zwei halbe Töne erhöhen oder vertiefen.

§ 7. Diese angegebene Regel formirt die Tonleiter und gibt jedem Ton im ganzen Stücke seine bestimmte Stufe. Den Anfangspunkt heißt man den Grundton und den letzten, der immer ein halber sein muß, den Leitton. Auf diese Weise wird jedes neu hinzukommende Kreuz auf der fünften Stufe vom vorhergehenden und jedes neue ♭ auf der vierten Stufe zu stehen kommen. Man nennt diese Tonart auch die harte, Dur Tonart.

Ferner gibt es aber eine verwandte, die man die weiche, Moll, Tonart heißt. Sie unterscheidet sich besonders darin, daß ihr erster halber Ton nicht wie bei der Dur Tonart zwischen der dritten und vierten sondern zwischen der zweiten und dritten Stufe liegt. Der letzte halbe Ton, der Leitton, bleibt in beiden gleich. Die verwandte Moll Tonart beginnt immer um einen und einen halben Ton tiefer, als die entsprechende Dur Tonart.

In der Singart der Tonleiter herrscht unter den größten Componisten eine große Verschiedenheit. Sie kann auf dreierlei Art gesungen werden, und es kommen darin immer mehr zufällige Veränderungen vor. Wir geben die neueste von Beethoven angeregte Art:

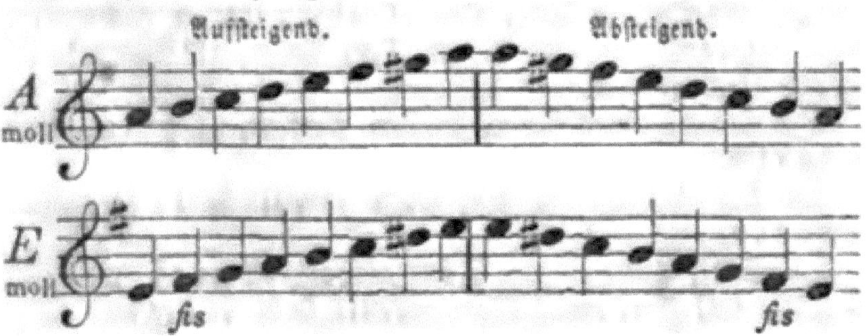
Aufsteigend.
Absteigend.
A moll
E moll
fis
fis

H
moll
cis
fis
fis
cis
D
moll
b
b
G
moll
b
es
es
b

§ 8. Die Töne in einem Musikstücke kömmen aber nicht immer reihenfolge auf und ab, sondern sehr verschieden vor. Man nennt die Entfernung zweier Töne **Interval**; und bezeichnet näher

Dieselbe Stufe.
2 St.
3 St.
4 St.
5 St.
6 St.
7 St.
8 St.
9 St.
Prime
Sekunde
Terz
Quart
Quint
Sext
Septime
Octave
None.

Die Sekunde, wenn sie einen halben Ton enthält, ist **klein**, wenn sie einen ganzen Ton enthält, so ist sie **groß**.

Die Terz, wenn sie 1½ Töne enthält, ist **klein**, wenn sie zwei ganze Töne enthält, so ist sie **groß**. Dur-Tonarten haben immer große Terz, Moll-Tonleiter immer kleine Terz und beginnen auf eine kleine Terz tiefer, als ihre entsprechende Dur-Tonart.

Die Quart, wenn sie 2½ Töne enthält, ist **rein**, sonst **unrein**.

Die Quint, wenn sie 3½ Töne enthält, ist **rein**, sonst **unrein**.

Die Sext, wenn sie 4½ Töne enthält, ist **groß**, wenn sie 3 ganze und zwei halbe Töne enthält, so ist sie **klein**.

Die Septime, wenn sie 5½ Töne enthält, ist groß, wenn sie 4 ganze und 2 halbe Töne enthält, so ist sie klein.

Die Intervalle durch zufällige Veränderungen können auch übermäßig oder vermindert werden.

N.B. Der Sänger soll die Intervalle wohl mit Genauigkeit einüben und fest im Gehör haben.

§ 9. Der Werth der Note, d. i. wie lange sie gehalten werden muß, wird durch ihre Form bezeichnet. Folgende Notengattungen werden gebraucht.

Ganze Note, halbe, viertel, achtel, sechzehntel, zweiunddreißigstel.

Eine ganze Note ist gleich

zwei halbe

vier viertel

acht achtel

sechzehn sechzehntel.

Mitunter nehmen drei Noten die Stelle von zweien ein. Sie werden besonders bezeichnet, gelten daher etwas weniger. Man nennt sie Triolen.

Ein Punkt hinter einer Note verlängert sie um die Hälfte ihres Werthes.

Dem Werthe der Noten entsprechend hat man Schweigzeichen (Pausen):

Ganze, halbe, viertel, achtel, sechzehntel, zweiunddreißigstel.

Auch hat man Ruhepukte 𝄐 von unbestimmt langer Zeit, die im Kirchengesang häufig am Ende einer Zeile vorkommen.

§ 10. Jedes Musikstück besteht aus Takten, die alle gleichen Notenwerth enthalten. Daher werden immer mehrere Noten in gewissem Werthe zwischen die Taktstriche eingeschlossen. Der Werth des Taktes selbst wird immer am Anfang des Stückes gleich nach dem Schlüssel gesetzt, gewöhnlich in Bruchform.

Die gebräuchlichsten Taktarten sind:

$\frac{4}{4}$ oder 𝄴	$\frac{4}{2}$	$\frac{2}{4}$	$\frac{3}{2}$	$\frac{3}{4}$	$\frac{6}{8}$
vier viertel,	vier halbe,	zwei viertel,	drei halbe,	drei viertel,	sechs achtel,

wo vier viertel, vier halbe, zwei viertel, u. s. w. in jedem Takte sei müssen.

§ 11. Die Länge der Zeit eines Taktes wird durch das Tempo bestimmt, ist aber in Kirchenmusik langsam, und in deutschen Choralmelodien immer feierlich.

§ 12. Die Stärke und Schwäche der einzelnen Töne wird durch besondere Kunstausdrücke bestimmt, wobei *forte* (stark) und *piano* (leise) die hauptsächlichsten sind. In unserm Büchlein wurden sie aber nur wenig angewendet, so auch die melodischen Verzierungen, wo der nur früher gebrauchte Vorschlag, eine kleine Note,  vorkommt, der der Note, vor der er steht, die Hälfte ihres Werthes entzieht.

§ 13. Die Stellung beim Singen sei immer die stehende, die Haltung eine natürliche gerade, damit das Athemholen frei, leicht und voll sein möge.

Die Mundwinkel ziehe man etwas zurück, daß die Lippen sich an die Zähne anschließen und kein Raum dazwischen bleibe. Die Zähne öffne man gerade so viel, daß man die Spitze des kleinen Fingers zwischen bringen kann; dadurch wird das unnöthige Mundaufsperren, sowie die oft unangenehmen

Gesichtsverdrehungen verhindert, und der Ton dringt voll und kräftig heraus.

Die Stimme lasse man voll sein, selbst wenn sie Anfangs etwas überlaut wäre.

Das Athemholen soll häufig sein, doch zerreiße man nicht zusammengehörige Worte. Der Geübtere findet es wohl bald. Der Text soll klar und deutlich, wie der Ton bestimmt und nie schwankend oder ziehend sein.

Kinder lasse man frühe singen, es ist ihnen natürlich und dient zum Besten.

Das tägliche Singen der Tonleiter ist sehr anzurathen, besonders in der Morgenstunde, wo die Organe zärter sind.

Die Einführung eines gründlichen Gesangunterrichts in unseren Kirchenschulen ist wohl sehr zu empfehlen, und besonders das kräftige, ergreifende, deutsche Kirchenlied, wo Verstandeskraft, Dichtkunst, Musik und Andacht sich vereinen und eine Weihe der besten Gaben zum Throne Gottes aufsteigen.

Laßt das Lallen der Unmündigen zum Preis Gottes tönen, laßt uns singen bis dereinst mit bessern reinen Stimmen wir einstimmen dem großen Halleluja Chorus, dem neuen Liede dem Lamme gesungen, dessen Hosianna nie enden.

Inhalts-Verzeichniß.

I. Vom Singen. Lied 1—3.
II. Vom Worte Gottes. Lied 4—7.
III. Von Gottes Wesen und Vollkommenheiten. Lied 8—10.
IV. Von der heil. Dreieinigkeit. Lied 11—12.
V. Vom Rathschlusse Gottes. Lied 13—14.
VI. Von der Schöpfung. Lied 15—18.
VII. Von der Vorsehung Gottes. Lied 19—21.

VIII. Vom Falle Adams und dessen Folgen. Lied 22.
IX. Von der göttlichen Liebe und Erbarmung. Lied 23.
X. Vom Friedensrath und Gnadenbund. Lied 24—26.
XI. Von Jesu, dem Sohne Gottes, unserm Erlöser. Lied 27—37.
XII. Adventslieder. Lied 38—42.
XIII. Neujahrslieder. Lied 43—44.
XIV. Vom Wandel Christi auf Erden. L. 45—49.
XV. Passionslieder. Lied 50—57.
XVI. Osterlieder. Lied 58—61.
XVII. Von der Himmelfahrt. Lied 62—64.
XVIII. Pfingstlieder. Lied 65—69.
XIX. Von der christlichen Kirche:
1. Von der Kirche im Allgemeinen. Lied 70—71.
2. Vom Predigtamte. Lied 72.
3. Missionslieder. Lied 73—82.
4. Vom Schulwesen der Kirche:
a) Schule im Allgemeinen. Lied 83.
b) Oeffnung der Schule. Lied 84—89.
c) Morgenlieder. Lied 90—95.
d) Schluß der Schule. Lied 96—100.
e) Abendlieder. Lied 101—104.
f) Der Lehrer Gebet. Lied 105—107.
g) Der Schüler Gebet. Lied 108.
h) Für kranke Lehrer. Lied 109.
i) Für kranke Schüler. Lied 110.
k) Beim Empfang eines Seelsorgers. Lied 111.
l) Beim Abschied eines Lehrers. Lied 112.
m) Beim Abschied eines Schülers. Lied 113.
n) Für Armen-Kinderanstalten. Lied 114—115.
o) Schulweihe. Lied 116—117.
XX. Von den Gütern des Gnadenbundes:
1. Ruf. Lied 118.

2. Erleuchtung. Lied 119.
3. Weisheit. Lied 120.
4. Wiedergeburt. Lied 121.
5. Glaube. Lied 122.
6. Rechtfertigung. Lied 123—124.
7. Friede. Lied 125.
8. Freude. Lied 126—127.
9. Kindschaft. Lied 128.
10. Heiligung. Lied 129.
11. Versiegelung und Bewahrung. Lied 130.
XXI. Von der Buße und Bekehrung. L. 131—133.
XXII. Vom wahren Christenthum. Lied 134.
XXIII. Vom Gebet. Lied 135—137.
XXIV. Von den heil. Sakramenten:
1. Taufe. Lied 138.
2. Abendmahl. Lied 139.
3. Nach dem Abendmahl. Lied 140.
XXV. Von den zehn Geboten:
A. Erste Tafel.
1. Von der Liebe Gottes. Lied 141.
2. Von der Liebe zu Christo. Lied 142—145.
3. Von der Nachfolge Christo. Lied 146—148.
4. Vom ersten Gebot:
Verlangen nach Christo. Lied 149.
Vertrauen auf Gott. Lied 150.
Kindliche Ergebung. Lied 151—152.
Gehorsam. Lied 153.
Absagung der Welt. Lied 154—155.
5. Vom zweiten Gebot. Lied 156.
6. Vom dritten Gebot. Lied 157—158.
7. Vom vierten Gebot. Lied 159—163.
B. Zweite Tafel.
1. Von der Nächstenliebe. Lied 164—165.
2. Vom fünften Gebot. Lied 166—167.
3. Vom sechsten Gebot. Lied 168.
4. Vom siebenten Gebot. Lied 169.

5. Vom achten Gebot. Lied 170.
6. Vom neunten Gebot. Lied 171.
7. Vom zehnten Gebot. Lied 172.
8. Von der Treue und Beständigkeit. Lied 173.

XXVI. Vom Tode:
1. Im Allgemeinen. Lied 174—176.
2. Tod eines Predigers oder Sonntagsschullehrers. Lied 177—178.
3. Tod von Kindern. Lied 179—181.
4. Für Waisen. Lied 182.

XXVII. Gelegenheitslieder:
1. Jahreszeiten. Lied 183.
2. Geburtstag. Lied 184.
3. Vaterlandslieder.—Vierter Juli. L. 185—186.
4. Reiselied. Lied 187.
5. Tischlieder. Lied 188—190.

XXVIII. Allgemeine Dank- und Schlußlieder. Lied 191—197.

I. Vom Singen.

1.

Eigene Melodie.
1. Ich will Gott den Her - ren lo - ben,
2. Sei - ner En - gel Ju - bel schal - len
1. Durch mein gan - zes Le - ben lang;
2. Wun - - der - bar von Welt zu Welt;
1. Gern in sei - nem Him - mel dro -
2. Doch ich weiß, daß auch das Lal -
1. ben Hört er mei - ner Stim - me Klang.
2. len Ei - nes Kind's ihm wohl - ge - fällt.
Wilhelm Hey.

2.

Eigene Melodie.

1. Dir, o Je - su, Heil der Sün-der, Dir, dem
2. Hör' uns, wenn wir zu dir fle - hen, Sieh' uns
3. Laß, o Herr, uns Frie - den fin - den, Tödt' in
4. Wer sich will dein Jün - ger nen - nen, Soll in
5. Je - sus, Chri-stus, Heil der From-men Und der
1. Ur-quell, dir, dem Gründer Uns'rer ew'gen Se - lig-
2. wenn wir auf dich se-hen, Sieh erbarmend auf uns
3. uns die Lust der Sünden, Sei uns nah mit dei - ner
4. dei - ner Lie - be brennen Und die Lust der Welt ver-
5. Sünder, sieh', wir kommen Und ge - lo - ben dir auf's
1. keit, Dir er - tö - nen die Ge - sän - ge, Die der
2. hin, Hö - re un - s're schwachen Lie - der, Blick voll
3. Huld. Auch für uns hast du ge - strit - ten, Auch für
4. schmäh'n, Soll dein Kreuz mit Freuden neh - men, Nie sich
5. neu, Stets auf dei - nem Pfad zu ge - hen Und bei
1. Dei - nen fro-he Men-ge Deiner großen Liebe weiht.
2. Huld und Gnade nie - der Und er-neu-re unsern Sinn.
3. uns hast du ge - lit - ten, Til-ge unsre Sündenschuld.
4. dei - nes Dienstes schämen Und auf dich den Meister seh'n.
5. dei - nem Wort zu ste-hen In un-wan-del-ba-rer Treu.

Unbekannt.

3.

Mel. Herr Jesu Gnadensonne.

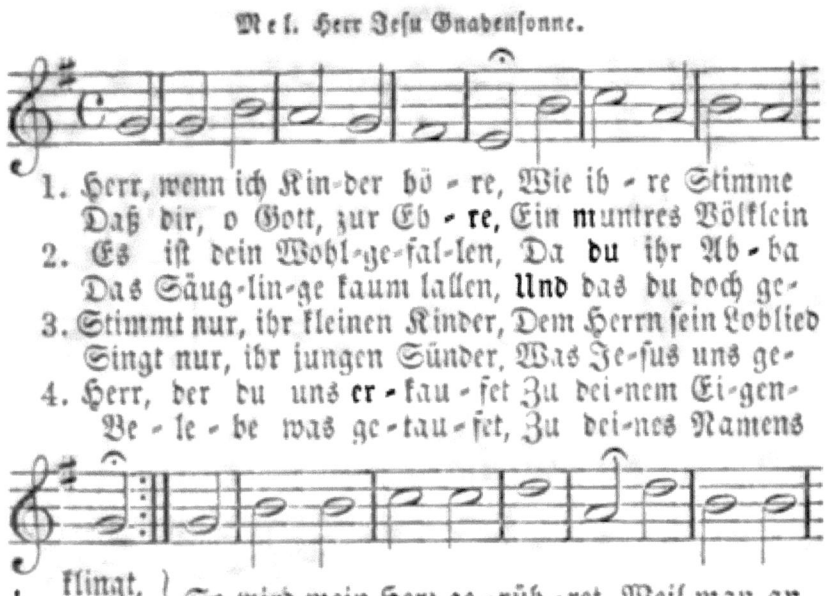

1. Herr, wenn ich Kin-der hö - re, Wie ih - re Stimme
Daß dir, o Gott, zur Eh - re, Ein muntres Völklein
2. Es ist dein Wohl-ge-fal-len, Da du ihr Ab - ba
Das Säug-lin-ge kaum lallen, Und das du doch ge-
3. Stimmt nur, ihr kleinen Kinder, Dem Herrn sein Loblied
Singt nur, ihr jungen Sünder, Was Je-sus uns ge-
4. Herr, der du uns er - kau - fet Zu dei-nem Ei-gen-
Be - le - be was ge - tau - fet, Zu dei-nes Namens

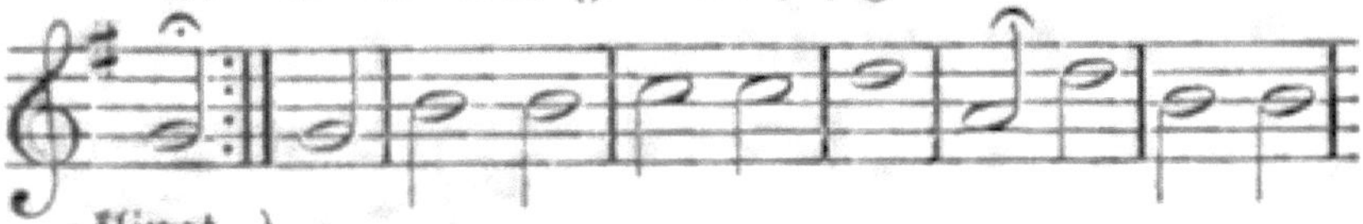

1. klingt, singt; So wird mein Herz ge - rüh - ret, Weil man an
2. hörst, währst, Ist nun dein Feu'r im Mun-de, Was wird im
3. an. than; Wißt ihr sonst nichts zu fin-den, Singt nur: Von
4. thum, Ruhm. Dort wer-den auch die Klei-nen Vor dei - nem

1. ih - nen spü - ret, Was dei - ne Gna - de wirkt.
2. Her-zens-grun-de Dein Geist ver - bor - gen thun?
3. al - len Sün-den Macht Chri - sti Blut uns rein.
4. Thron er-schie-nen, Zum Lo - be dei - ner Macht.

Hiller.

II. Vom Worte Gottes.

4.

Eigene Melodie.

1. Was ist die Macht, was ist die Kraft, Des
2. Was kann wie ein zwei-schnei-dig Schwert, Das
3. O Wort der Macht, o Wort der Kraft, Das
1. Chri - sten stol - ze Rit - ter-schaft, Der Schild und
2. blin - kend aus der Schei - de fährt, Mark und Ge-
3. so ge - wal - tig wirkt und schafft, O Wort der
1. Schirm u. Schmuck der Eh - ren, Die un - ge-
2. bein im Hui zer-schnei-den, Die Gei - ster
3. Schrecken und der Freu - den, Zum Hei - len
1. brochne Wehr der Weh - ren, In je - der Noth und
2. und die Lei - ber schei - den, Was hat so frieß-lich
3. mächtig und Zer - schnei - den, Du warest eh'r als
1. Fahr der Hort? Das ist das Wort, das fe - ste Wort!
2. schar-fen Ort? Das ist das Wort, das fe - ste Wort!
3. Zeit und Ort, Du starkes Wort, du fe - stes Wort!

Arndt.

5.

Mel. Gott des Himmels und der Erde.

1. Theu-res Wort aus Got - tes Mun - de, Das mir
Dich al - lein hab' ich zum Grun - de Mei-ner

2. Will ich ei - nen Vorschmack ha - ben, Von den
Bist du mei - nen Geist zu la - ben, Mir zur

3. Du, mein höch - stes Gut auf Er - den, Drin-ge
Laß mich täg - lich wei - ser wer - den Durch der

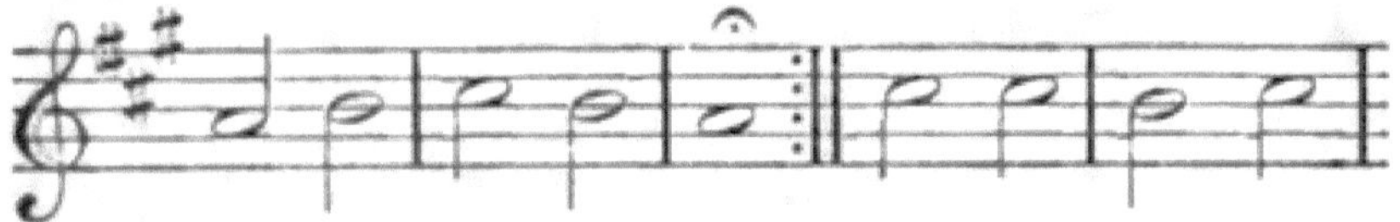

1. lau - ter Se - gen trägt, }
Se - lig - keit ge - legt, } In dir treff' ich

2. Freu-den je - ner Welt, }
Nah-rung dar - ge - stellt; } Le - bens - brod, das

3. tief in mich hin - ein, }
Gna - de hel - len Schein, } Bis die See - le

1. Al - les an, Was zu Gott mich füh-ren kann.

2. find' ich hier, Le - bens - was - ser bist du mir.

3. brin-get Frucht, Wie sie mein Er - lö - ser sucht.

Benjamin Schmolke.

6.

Mel. Mein Gemüth erfreuet sich.

1. Je - sus ist der Kern der Schrift, Weil auf
2. Mo - ses, der von An - fang schrieb, Zeugt von
3. Da - vid's sü - ßer Har - fen - ton, Klingt von
4. Die Ge - sand-ten, die er gab, Leg - ten
5. Gott sei Dank, für dies sein Buch, Au - ßer
6. Je - su schrei - be dich al - lein, Durch dein

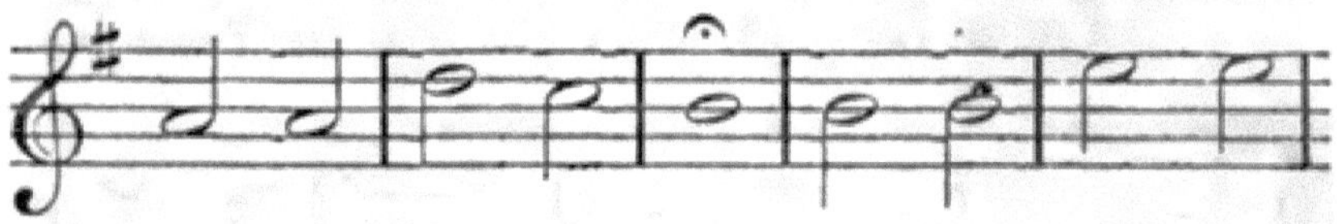

1. ihn zu - sam - men - trifft, Was im alt' und
2. ihm aus Got - tes Trieb. Der Pro - phe - ten
3. sei - nem Herrn und Sohn. Auch der Tem - pel
4. nur dies Zeug - niß ab: Je - sus Chri - stus
5. die - sem trifft der Fluch. In der Qual be-
6. Wort dem Her - zen ein: Bis wir dich von

1. neu - en Bund' Je in Got - tes Buch ward kund.
2. gan - zer Chor, Singt uns die - sen Kö - nig vor.
3. war sein Bild, Den die Herr - lich - keit er - füllt.
4. Got - tes Sohn, An dem Kreuz und auf dem Thron.
5. reut man dort, Die Ver-schul-dung an dem Wort.
6. An - ge - sicht Schau-en oh - ne Schrift und Licht.

Krummacher's Zionsharfe.

7.

Mel. Alle Menschen müssen sterben.

1. Wort des Le - bens, lau - tr'e Quel - le,
Le - bens - kräf - te gibst du Je - dem,
2. Oh - ne dich, was ist die Er - de?
Oh - ne dich, was ist der Him-mel?

1. Die vom Him - mel sich er - gießt,
Der dir Geist und Herz er-schließt;
2. Ein be-schränk - tes, finst'res Thal.
Ein ver-schloss'-ner Freu - den - saal.

Der sich / Oh - ne

1. wie die wel - ke Blu - me, Die der Son-nen-
2. dich, was ist das Le - ben? Oh - ne dich, was

1. brand ge - blei - chet, Dürstend von dem dür - ren
2. ist das Ster - ben? Ein er - neu - ter, finst'rer

1. Land, Zu der Quel - le nie - der neigt.
2. Tod, Nachtgrau'n oh - ne Mor - gen - roth.

Spitta.

III. Von Gottes Wesen und Vollkommenheiten.

8.

Eigene Melodie.
1. Gott ist mein Lied! Er ist der Gott der
Groß ist sein Nam' Und groß sind sei - ne
2. Er will und spricht's, So sind und le - ben
Und er ge - beut, So fal - len durch sein
3. Licht ist sein Kleid, Und sei - ne Wahl das
Er herrscht als Gott, Und sei - nes Thro - nes
4. Nichts, nichts ist mein, Das Gott nicht an - ge-
Herr, im - mer - dar Soll dei - nes Na-mens
1. Stär - ke; Wer - ke, Und al - le Him - mel
2. Wel - ten; Schel - ten Die Him - mel wie - der
3. Be - ste, Fe - ste Ist Wahr - heit und Ge-
4. hö - re, Eh - re, Dein Lob in mei - nem

1. sein Ge-biet, Und al - le Him-mel sein Ge-biet.
2. in ihr Nichts, Die Himmel wie-der in ihr Nichts.
3. rech - tig - keit, Ist Wahrheit und Ge - rech - tig - keit.
4. Mun-de sein, Dein Lob in mei-nem Mun-de sein.

Gellert.

9.

Eigene Melodie.

1. Weißt du wie viel Sterne ste - hen An dem
Weißt du wie viel Wolken ge - hen Weithin
2. Weißt du wie viel Mücklein spie - len In der
Wie viel Fischlein auch sich küh - len In der
3. Weißt du wie viel Kinder frü - he Steh'n aus
Daß sie oh - ne Sorg' und Mü - he Fröhlich

1. blauen Himmelszelt? ü - ber al - le Welt? } Gott der Herr hat sie ge-
2. bei - ßen Sonnengluth? hel - len Wasserfluth? } Gott der Herr rief sie mit
3. ih - rem Bettlein auf, sind im Tages - lauf? } Gott im Him - mel hat an

1. zäh - let, Daß ihm auch nicht Eines feh - let An der
2. Namen, Daß sie all in's Le - ben ka - men, Daß sie
3. Al - len Sei - ne Lust, sein Wohlgefallen, Kennt auch

1. großen, großen Zahl, An der gro - ßen, großen Zahl.
2. nun so fröhlich sind, Daß sie nun so fröhlich sind.
3. dich und hat dich lieb, Kennt auch dich und hat dich lieb.

Wilhelm Hey.

3

10.

Eigene ältere Melodie

1. Wie groß ist des All = mächt' = gen Gü = te!
Der mit ver = här = te = tem Ge = mü = the,
2. Blick' o mein Geist in je = nes Le = ben,
Wo du mit Herr = lich = keit um = ge = ben,
1. Ist der ein Mensch, den sie nicht rührt?
Den Dank er = stickt, der ihm ge=bührt?
Nein, seine
2. Zu welchem du er=schaf=fen bist,
Gott e = wig seh'n wirst wie er ist;
Du hast ein
1. Lie = be zu . er = mes = sen, Sei e = wig
2. Recht zu die = sen Freu = den, Durch Got = tes
1. mei = ne größte Pflicht. Der Herr hat mein noch nie ver=
2. Gü = te sind sie dein. Sieh' darum muß=te Chri=stus
1. ges = sen, Vergiß mein Herz auch sei=ner nicht.
2. lei = den, Damit du könn = test se = lig se n.

Gellert.

IV. Von der heiligen Dreieinigkeit.

11.

Mel. Allein Gott in der Höh'.

1. O Va - ter, Gott von E - wig keit, Der
Dich ehrt die gan - ze Chri - sten - heit; Denn
2. Gott Sohn, des Va - ters E - ben - bild! Von
Und end - lich, da die Zeit er - füllt, Als
3. O heil' - ger Geist, du wer - ther Gast! Der
Der du den Aus-gang e - wig hast, Vom
1. Gott - heit wah - re Quel - le!
dei - nes Thrones Stel - le
Ist herr-lich,
2. E - wig - keit ge - bo - ren,
Mitt - ler aus - er - koh - ren,
Wahr-haft'-ger
3. From-men Schatz und Kro - ne;
Va - ter und vom Soh - ne,
Du sü - ßer
1. vol - ler Ma - je - stät, Daß bil - lig dir zum
2. Gott und Mensch zu-gleich, Der du der Welt dein
3. Trö - ster, treu-ster Freund, Der du die Dei - nen
1. Dien - ste steht Der Him-mel sammt der Er - de.
2. Him-mel-reich Durch dei - nen Tod er - wor - ben.
3. wohl-ge-meint In al - ler Wahr-heit lei - test.
Liscovius.

12.

Mel. Lobe den Herren.

1. Lo - bet den Va - ter, den rei - chen Er-
O, er thut mehr als wir bit - ten, ver-
2. Lo - bet den Hei - land, der opf - ernd sein
Un - ter den blu - ti - gen Mar - tern für
3. Lo - bet den Geist des er - bar - men - den
Stil - le und sanft geht er aus von dem
1. hal - ter der Sei - nen;
ste - hen und mei - nen,
2. ei - ge - nes Le - ben,
Sün - der ge - ge - ben,
3. Va - ters und Soh - nes,
Lich - te des Thro - nes,
Auch in der
Soll - te er
Lehrt und re-
1. Noth, Gibt er uns Lab - sal und Brod!
2. nicht, Wenn uns auch et - was ge - bricht,
3. giert, Heim - lich die Her - zen und führt,
1. O er ver - giß - set nicht Ei - nen.
2. Mit sich selbst Al - les uns ge - ben.
3. Sie zu der Won - ne des Le - bens.

Christian Heinrich Zoller.

V. Vom Rathschlusse Gottes.

13.

Melodie des 42. Psalms

1. Ew' - ge Lie - be! mein Ge - mü - the
In den Ab - grund dei - ner Gü - te;
2. Laß mich mei - nen Na - men schau - en,
Denn so werd' ich oh - ne Grau - en
1. Wa - get ei - nen schwa - chen Blick
Send' ihm ei - nen Blick zu - rück;
2. In dem Buch des Le - bens steh'n;
Selbst dem Tod ent - ge - gen geh'n;
Ei - nen
Kei - ne
1. Blick voll Hei - ter - keit, Der die Fin - ster-
2. Kre - a - tur wird mich, Dei - nen Lieb - ling
1. niß zer - streut, Die mein blö - des Au - ge
2. e - wig - lich, Dei - ner Hand ent - rei - ßen
1. drü-cket, Wenn es nach dem Lich - te bli - cket.
2. kön-nen, Noch von dei - ner Lie - be tren-nen.

Rambach.

14.

Mel. Sollt' ich meinem Gott nicht singen.

1. Regt euch al - le mei - ne Kräf-te, Stimmt zum
Denn das köst - lich - ste Ge - schäf - te Muß der
2. Gar nichts war an mir zu fin - den, Das er-
Denn Gott sah mich in den Sün-den, Eh' ich
1. Lo - be Got - tes ein,
Ruf der Gna - de sein.
2. wählungswürdig schien;
drinn ge - bo - ren bin.
Gott sei Lob, der mich er-
A - ber in dem Sohn der
1. wäh-let, Eh' die Welt ge-grün-det war, Und mich sei-ner
2. Lie - be, Machte Gott mich an-ge-nehm, Und er-wähl-te
1. sel'gen Schaar Aus Erbarmung zu-ge-zäh-let, Was da-
2. mich in Dem. Wun-der-rei-che Gnaden-trie-be, Al - les
1. mals ge-sche-hen ist, Das ge-schah in Je - su Christ.
2. was nun in mir ist, Dan-ke Gott in Je - su Christ.

Hiller.

VI. Von der Schöpfung.

15.

Mel. Gott sei Dank in alle Welt.

1. Him - mel, Er - de, Luft und Meer, Al - ler
2. Ihn er - bebt das Son - nen - licht, Wenn es
3. Seht, wie er das Land er - quickt, Und mit
4. Seht, wie fliegt der Vö - gel Schaar, In den
5. Seht, der Was - ser - wel - len Lauf, Wie sie
6. Ach, mein Gott, wie wun - der - bar, Stellst du

1. Wel - ten zahl - los Heer, Jauch-zen Gott, dem
2. durch die Wol - ken bricht. Mon-des - glanz und
3. Lust und Se - gen schmückt! Wäl-der, Flur und
4. Lüf - ten frisch und klar! Don-ner, Blitz, Dampf,
5. stei - gen ab und auf! Von der Quel - le
6. dich der See - le dar! Drü - cke stets in

1. Schöpfer zu, Mei - ne See - le, Sing' auch du.
2. Ster-nen-pracht, Lo - ben Gott in stil - ler Nacht.
3. je - des Thier, Zei - gen Got - tes Fin - ger mir.
4. Ha-gel, Wind, Sei - nes Wil-lens Die - ner sind.
5. bis zum Meer, Rau-schen sie des Schö-pfers Ehr'.
6. mei-nen Sinn, Was du bist und was ich bin.

J. Neander.

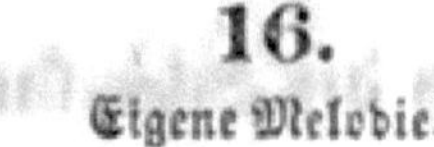

16.

Eigene Melodie.

1. Im An-fang war's auf Er-den Nur fin-ster, wüst und
2. Was nah' ist und was fer-ne, Von Gott kommt Al-les
3. Er, er macht Sonnauf-gehen, Und stellt des Mon-des
4. Er schenkt uns so viel Freu-de Und macht uns frisch und
5. Dar-um so woll'n wir lo-ben, Und lo-ben im-mer-

1. leer, Und sollt' was sein und wer-den, Mußt'
2. her, Der Stroh-halm und die Ster-ne, Der
3. Lauf; Er läßt die Win-de we-hen Und
4. roth; Er gibt dem Vie-he Wei-de, Und
5. dar, Den gu-ten Ge-ber o-ben, Er

1. es wo an-ders her. Al-le gu-te
2. Sper-ling und das Meer.
3. thut den Him-mel auf.
4. sei-nen Men-schen Brod.
5. ist's und er ist's gar.

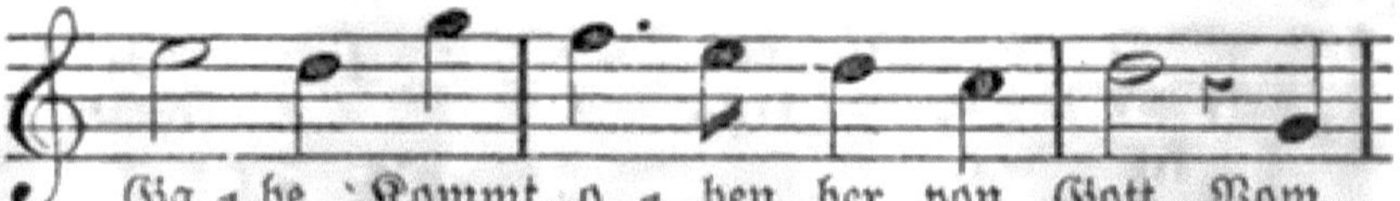

Ga-be Kommt o-ben her von Gott, Vom

schö-nen blau-en Him-mel her-ab.

Claudius.

17.

Mel. Nun ruhen alle Wälder.

1. Wer zählt der En - gel Hee - re, Die
2. Sie ei - len in Ge - fah - ren, Den
3. Be - keh - ren sich die Sün - der, Und
4. In sol - cher Gei - ster - chö - ren, Dich
1. du zu dei - ner Eh - re, Herr al - ler
2. From-men zu be - wah - ren In sei - ner
3. wer - den dei - ne Kin - der Durch Je - sum,
4. e - wig zu ver - eh - ren, Gott, wel - che
1. Wel - ten schufst? Sie freu'n sich dei - nen Wil-
2. Pil - ger - zeit; Sie freu'n an dei - nem Thro-
3. dei - nen Sohn: Dann jauch - zen ih - re Lie-
4. Se - lig - keit! Wer wird sie einst em - pfin-
1. len, Ge - hor - sam zu er - fül-
2. ne Sich einst auch sei - ner Kro-
3. der, Daß ih - re neu - en Brü-
4. den? Der, der be - kehrt von Sün-
1. len, Wie Flam-men schnell, wenn du sie rufst.
2. ne, Wie ih - rer eig'-nen Se - lig - keit.
3. der, Dem Un - ter - gan - ge sind ent - floh'n.
4. den, Sich dir, wie sie, zu die - nen freut.

Cramer.

18.

Mel. O Gott du frommer Gott.

1. Mein Gott ich dan - ke dir! Du schufst mich
Daß ich dein schö - nes Bild, Nach dei - nem
2. Wie herr - lich schu - fest du Den Men-schen,
Zum Spie - gel dei - nes Lichts, Aus wun - der-
3. Leib, See - le, Herz und Geist, Und was wir
Trug dei - ner Hei - lig - keit Voll-komm'-ne
1. dir zur Eh - re, Her-zen wä - re.
2. dir zum Bil - de, ba - rer Mil - de,
3. menschlich's ha - ben, Zier und Ga - ben;
Du bau - test mei - nen
Daß dei - ner Tu - gen-
Du hast, Drei - ei - ni-
1. Leib, Und hauch-test drein den Geist, Der un - ver-
2. den voll-komm'-nes rei - nes Licht, Sich sel - ber
3. ger, Ihn dir in E - wig - keit, Zur Lust, zum
1. wes - lich ist Und gott - ge - bo - ren heißt.
2. in ihm sah' Mit off' - nem An - ge - sicht.
3. Haus, zum Thron, Zum Tem - pel selbst ge - weiht.

Hiller.

VII. Von der Vorsehung Gottes.

19.

Aeltere Melodie: Sieh' hier bin ich Ehrenkönig.

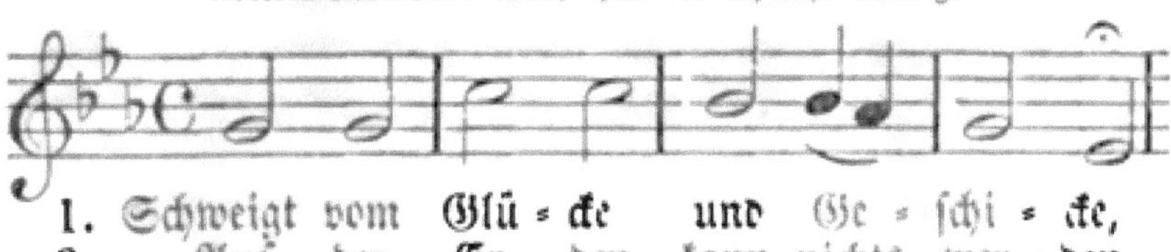

1. Schweigt vom Glü - cke und Ge - schi - cke,
2. Auf der Er - den kann nichts wer - den
3. Al - le Schrit - te, al - le Trit - te,
4. Das ist fe - ste, auf das Be - ste

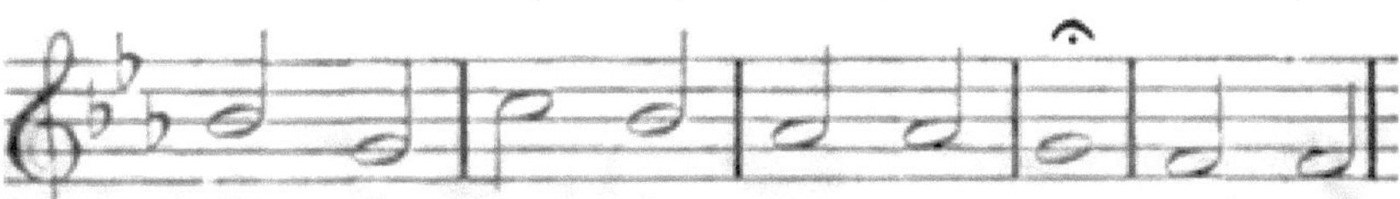

1. Die ihr Got - tes Thun nicht wißt; Mir ge-
2. Oh - ne Gott von un - ge - fähr; Was ge-
3. Sind dem Va - ter wohl - be - kannt. Wenn ich
4. Führt mich Gott auf sei - ner Bahn, Und ich

1. nü - get was Gott fü - get, Wel-cher Erd' und
2. schie-het, sah und sie - het, Ord-net, schick - et,
3. fal - le da ich wal - le, Fall' ich doch in
4. füh - le an dem Zie - le, Was Er thut ist

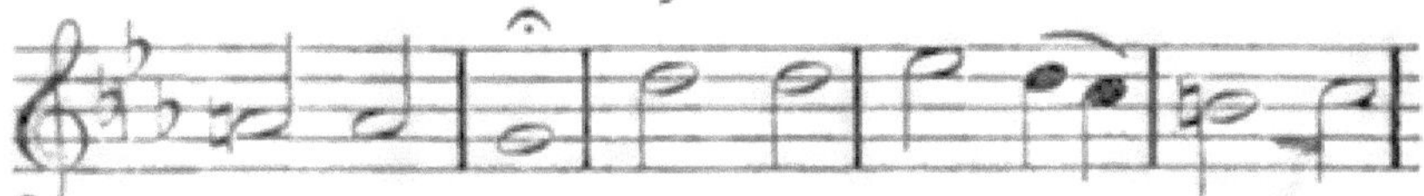

1. Him - mel mißt; Der le - ben - dig, der be-
2. len - ket Er; Auch das Klein - ste und Ge-
3. sei - ne Hand. Geh'n die Gän - ge durch's Ge-
4. wohl - ge - than. Ihm ge - hö - re Dank und

1. stän-dig, Der der rech-te Va-ter ist.
2. mein-ste Kommt von sei-ner Vor-sicht her.
3. drän-ge, Geh'n sie doch zum Va-ter-land.
4. Eh-re, Weil er se-lig füh-ren kann.

Hiller.

20.

Eigene Melodie.

1. Aus dem Himmel fer-ne, Wo die Eng-lein sind,
2. Hö-ret sei-ne Bit-te Treu bei Tag und Nacht,
3. Gibt mit Va-ter-hän-den Ihm sein täg-lich Brod,
4. Sagt's den Kindern al-len, Daß ein Va-ter ist,

1. Schaut doch Gott so ger-ne Her auf je-des Kind.
2. Nimmt's bei je-dem Schritte, Vä-ter-lich in Acht.
3. Hilft an al-len En-den Ihm aus al-ler Noth.
4 Dem sie wohl-ge-fal-len, Der sie nie ver-gißt.

Wilhelm Hey.

21.

Eigene Melodie.

1. Mein Va - ter, der im Him - mel
2. Er nährt den Sper - ling auf dem
3. Von mei - nem Haup - te fällt kein
4. Ge - schrie - ben stand in sei - ner
5. O Va - ter mein, wie gut bist
1. wohnt, Als Kö - nig al - ler Eh - ren thront,
2. Dach Und macht zur Früh' die Vö - gel wach;
3. Haar, Mein Va - ter sieht es im - mer - dar,
4. Hand Mein Na - me eh' ich ihn ge - kannt,
5. du, Gib, daß ich nie - mals Bö - ses thu',
1. Der ist mir nah' bei Tag und
2. Er schmückt mit Blu - men Wald und
3. Und wo ich auch ver - bor - gen
4. An sei - nem Arm' geb' ich um-
5. Mach' mich den lie - ben En - geln
1. Nacht Und gibt auf mei - ne Schrit - te acht.
2. Flur Und pflegt die Zier - de der Na - tur.
3. wär', In Herz und Nie-ren schau - et er.
4. her, Und er ist Gott, was will ich mehr!
5. gleich In dei - nem gro - ßen Him-mel-reich!

Unbekannt.

VIII. Vom Falle Adams und dessen Folgen.

22.

Mel. Herr Jesu Christ, du höchstes Gut.

1. Der er - sten Un - schuld rei - nes Glück, Wo-
O keh - rest du nicht einst zu - rück, Mit
2. Ach, wi - der Got - tes Prü-fungs-wort, Und
Reißt bald zum Un - ge - hor - sam fort Die
3. Heil, Heil, daß uns ein Held er - schien, Ein
Den Schlan-gen-kopf zer - trat er kühn, Der
1. hin bist du ge - schie - den? dei - nem sü - ßen Frie - den?
2. den Be - fehl der Lie - be, Macht be - thör - ter Trie - be!
3. Hei - land ar - men Sün - dern! Sün - de Sieg zu hin - dern.
Dein E - dens
Vom Schlangen-
Im Glau - ben
1. Gar - ten blüht nicht mehr; Ver-welkt durch Sün-den-
2. wort der Lust ver - sucht, Ver-gällt der Mensch durch
3. nehmt den Ret - ter an; Er führt euch sei - ne

1. hauch ist er, Durch Men-schen-schuld ver - lo - ren!
2. ih - re Frucht Sein Glück, sein Herz, sein Le - ben.
3. Sie-ges-bahn: Auf, kämpft an sei - ner Sei - te!

C. B. Garve.

IX. Von der göttlichen Liebe und Erbarmung.

23.

Mel. Es ist gewißlich an der Zeit.

1. O Lie - bes-gluth! wie soll ich dich Nach
In dei - nen Tie - fen muß ich mich, O
2. Der in sich selbst ver - gnüg - te Gott, Das
Hat sich die schnö - de Sün - der - rott' Zu
3. O Lie - be! die Gott sei - nen Sohn Aus
Er ist von dem ge - stirn - ten Thron Zu

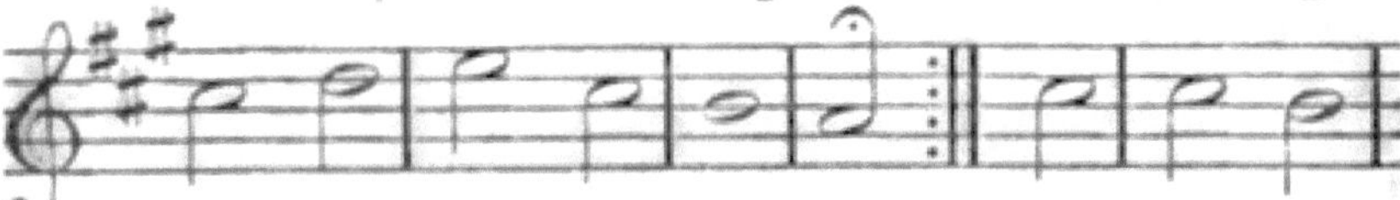

1. Wür - dig - keit be - sin - gen? } Es glän - zet
Le - bens - quell ver - lie - ren. }
2. al - ler - rein - ste We - sen, } Schweig' still, Ver-
lie - ben aus - er - le - sen. }
3. sei - nem Schooß ge - nom - men: } Sein Man - gel,
uns her - ab - ge - kom - men; }

1. Got - tes Herr - lich - keit In lau - ter Lieb' von
2. nunft! gib Gott die Ehr', Gott wollt' un - end - lich
3. Knechtschaft, Kreuz und Grab, Sind uns ein Bild und

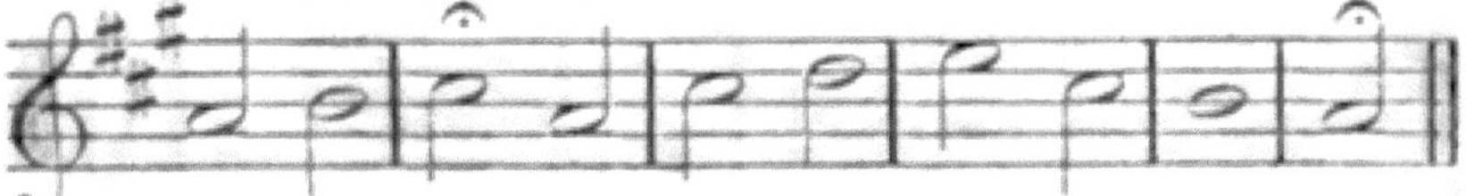

1. E - wig - keit; Bleibt noch mein Herz er - kal - tet?
2. lie - ben, mehr, Als du be - grei - fen soll - test.
3. ma - len ab, Wie stark Gott lie - ben kön - ne.

Reformirte Tradition.

X. Vom ew'gen Friedensrath und Gnadenbund.

24.

Mel. Wer weiß wie nahe mir mein Ende.

1. Mein Gott, wie groß ist dein Er - bar-
Du nimmst mich auf mit Lie - bes - ar-
2. Ich hielt o Gott mich für ver - lo-
Doch weil du mich dir aus - er - ko-
3. Auf's Neu - e hast du mich ge - bo-
Du hast mir Treu - e zu - ge - schwo-
1. men, Das mir dein Gna-den-bund be-weist!
men Und gibst mir dei - nes Soh-nes Geist,
2. ren, Als ich in mei - nen Sün-den lag.
ren, Er - schien mir ein er - sehn-ter Tag.
3. ren, Mich dei - nen Kin - dern zu - ge - zählt,
ren Und mich in Chri - sto aus-er-wählt;
1. Daß ich, Daß ich von Sün - den rein und
2. Der that, Der that auch mir durch dei - nen
3. Er hat, Er hat mich durch sein Blut er-
1. frei, Dein neu - er Bund's - ge - nos - se sei.
2. Bund Heil, Se - gen und Er - lö - sung kund.
3. kauft—Auf sei - nen Tod bin ich ge - tauft.
Bonitz.

25.

Mel. Ich fasse Vater deine Hände.

1. Mir ist Er - bar-mung wi - der - fah - ren, Er - bar-mung
2. Ich hat-te nichts als Zorn ver - die - net Und soll bei
3. Das muß ich dir, mein Gott, be - ken - nen, Das rühm' ich,

1. be - ren ich nicht werth. Das zähl' ich zu dem Wun - der-
2. Gott in Gna - den sein. Gott hat mich mit ihm selbst ver-
3. wenn ein Mensch mich fragt. Ich kann es nur Er - bar - mung

1. ba-ren, Mein stol - zes Herz hat's nie be-gehrt, Mein stol-zes
2. süh-net Und macht durch's Blut des Sohn's mich rein Und macht durch's
3. nen-nen, So ist mein gan - zes Herz ge-sagt; So ist mein

1. Herz hat's nie be - gehrt; Nun weiß ich das und bin er-
2. Blut des Sohn's mich rein. Wo kam dies her? war - um ge-
2. gan - zes Herz ge - sagt. Ich beu - ge mich und bin er-

1. freut Und rüh - me die Barm - her - zig-
2. schieht's? Er - bar - mung ist's und wei - ter
3. freut Und rüh - me die Barm - her - zig-

1. keit Und rüh - me die Barm - her - zig - keit.
2. nichts. Er - bar - mung ist's und wei - ter nichts.
3. keit Und rüh - me die Barm - her - zig - keit. Hiller.

26.

Eigene Melodie.

1. Ich be = te an die Macht der Lie = be,
2. Wie bist du mir so sehr ge = wo = gen
3. Ich fühl's, du bist's, dich muß ich ha = ben,
1. Die sich in Je = su of = fen=bart; Ich geb' mich
2. Und wie ver=langt dein Herz nach mir! Durch Lie=be
3. Ich fühl's, ich muß für dich nur sein; Nicht im Ge=
1. hin dem frei = = en Trie = be Mit dem ich Wurm ge=
2. sanft und stark ge = zo = gen, Neigt sich mein Al = les
3. schöpf, nicht in den Ga = ben, Mein Ruhplatz ist in
1. lie = bet ward. Ich will an = statt an mich zu
2. auch zu dir. Du trau = te Lie = be, gu = tes
3. dir al = lein. Hier ist die Ruh', hier ist Ver=
1. den=ken, In's Meer der Lie=be mich ver = sen = = ken.
2. We=sen, Du hast mich, ich hab' dich er = = le = = = sen.
3. gnü=gen, Drum folg' ich dei=nen sel'=gen Zü = = = gen.
Missionsharfe.

XI. Von Jesu, dem Sohne Gottes, unserm Erlöser.

27.

Mel. Alles ist an Gottes Segen.

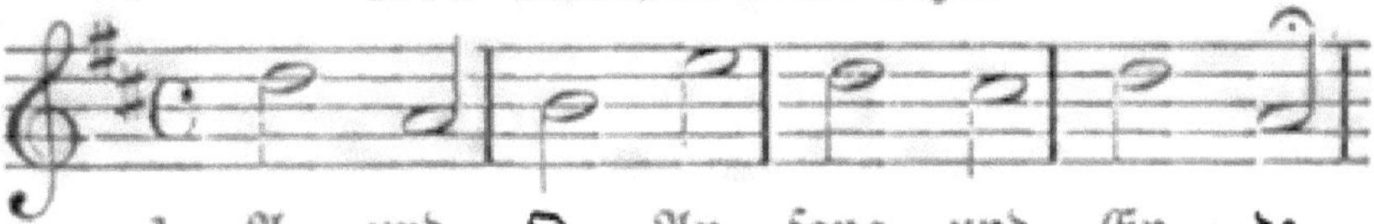

1. A und O, An - fang und En - de,
2. Ach, wie groß ist mein Ver - der - ben!
3. Mei - ster, füh - re du die Sa - che

1. Nimm mein Herz in dei - ne Hän - de Wie ein
2. Doch du schwörst, ich soll nicht ster - ben. Hel - fer,
3. Mei - ner See - le; was ich ma - che, Taugt und

1. Töp - fer sei - nen Thon! Mei - ster, laß dein
2. hilf, ich flieh' zu dir! Al - le Sün - der,
3. gilt doch nichts vor dir! Du weißt auch aus

1. Werk nicht lie - gen, Hilf mir be - ten, wa - chen,
2. die ge - kom - men, Hast du wil - lig an - ge-
3. bö - sen Din - gen Et - was Gut's her - vor - zu-

1. sie - gen, Bis ich steh' vor dei - nem Thron!
2. nom - men; Sehnt sich nicht dein Herz nach mir?
3. brin - gen, Ma - che, wie du's willst mit mir.

28.

Eigene Melodie.

1. Schön=ster Herr Je = = = su, Herr=scher al = ler
2. Schön sind die Wäl = = der, Noch schö = ner sind
3. Schön leucht' die Son = = nen, Noch schö = ner leucht'
4. Al = = le die Schön = heit Him=mels und der
1. En = = = den, Got = tes und Ma = = ri = = ä
2. die Fel = der In der schö = nen Früh = lings=
3. der Mon=den Und die Stern = lein all = = zu=
4. Er = = = den Ist nur ge = = gen ihn als
1. Sohn; Dich will ich lie = = = ben, Dich will ich
2. zeit. Je = sus ist schö = = ner, Je = = sus ist
3. mal. Je=sus leucht't schö = ner, Je = = sus leucht't
4. Schein. Kei=ner auf Er = = = den Lie = = ber kann
1. eh = = ren, Du mei = ner See = le Freud' und Kron'.
2. rei = ner, Der un = ser trau=rig Herz er = freut.
3. rei = ner, Als all' die Eng'l im Him = mels=saal.
4. wer = den, Als der all'r=schön=ste Je = = sus mein.

Missionsharfe.

29.

Eigene Melodie.

1. Was hätt' ich, hätt' ich Je - sum nicht Auf
2. Was könnt' mir doch die gan - ze Welt Für
3. Nun a - - ber, da ich Je - sum hab', O,

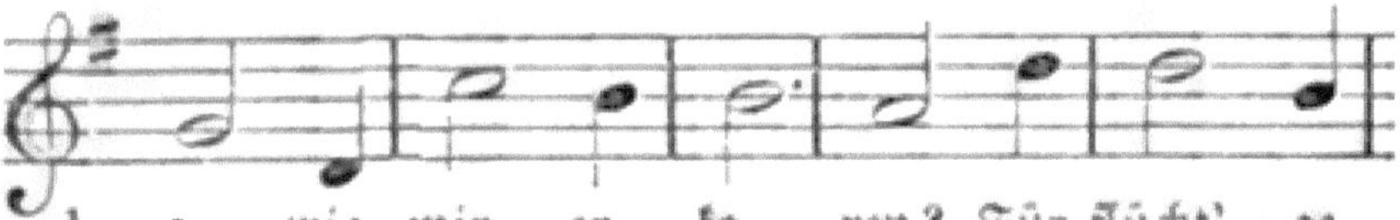

1. e - - wig mir er - ko - - ren? Für flücht' - ge
2. mei - nen Je - sum ge - ben? Und wär' die
3. welch ein rei - ches Le - ben! Ist Er - de

1. Freu - den ew'-gen Schmerz, Ach, oh - ne Je - sum,
2. gan - ze Welt auch mein, Nein, sollt' ich oh - ne
3. doch und Him - mel sein, D'rum ist auch al - les,

1. ar - - mes Herz, Hätt'st du dich selbst ver - lo-
2. Je - - sum sein Da möch-te ich nicht le-
3. al - - les mein, Weil er sich mir ge - ge-

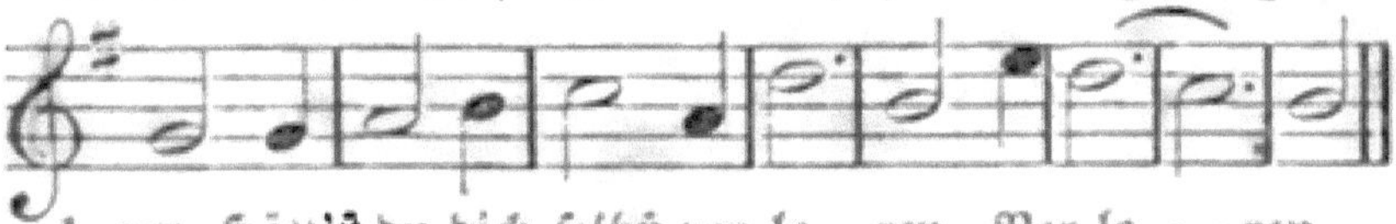

1. ren, Hätt'st du dich selbst ver-lo - ren. Ver-lo - - ren.
2. ben, Da möch-te ich nicht le - ben. Nicht le - - ben.
3. ben, Weil er sich mir ge - ge - ben. Ge - ge - - ben.

A. Moraht.

30.

Eigene Melodie.
1. Der be = = = ste Freund ist in dem
Denn bei dem fal = = = schen Welt = = ge=
2. Die Men = schen sind wie ei = = = = ne
Und ob ich gleich dar = = nie = = der=
3. Der ließ sich sel = = = = ber für mich
Steht mir noch bei in al = = = len
1. Him=mel, Auf Er = = den sind nicht Freun = de viel;
tüm = mel Ist Red = lich = keit oft auf dem Spiel,
2. Wie = ge, Nur Je = sus ste = het fel = sen = fest;
lie = ge, Mich sei = = ne Treu=e nie ver = läßt.
3. töd = ten, Ver = goß für mich sein theu = res Blut,
Nö=then Und spricht für mei = ne Sün = den gut;
1. 2. 3. D'rum hab' ich's im = mer so ge = meint, Mein
1. 2. 3. Je = = = sus ist der be = = ste Freund.

Schmolke.

31.

Eigene Melodie.

1. Weil ich Je - su Schäf-lein bin, Freu' ich mich nur
2. Un - ter sei-nem sanf - ten Stab Geh' ich aus und
3. Sollt' ich denn nicht fröh-lich sein, Ich be - glück - tes

1. im - mer - hin Ue - ber mei - nen gu-ten Hir - ten,
2. ein, und hab' Un - aus - sprech - lich sü - ße Wei - de,
3. Schä-fe-lein? Und nach die - sen schö-nen Ta - gen

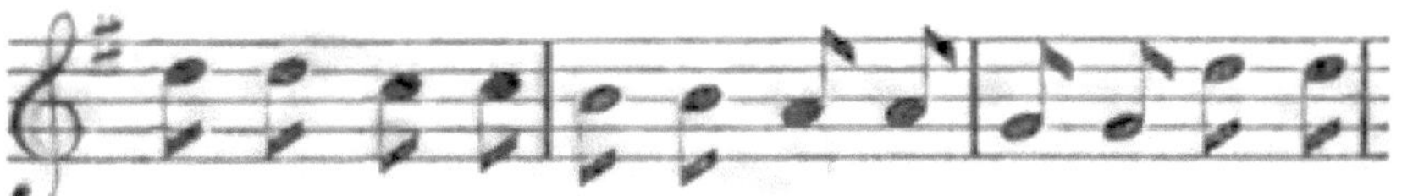

1. Der mich schön weiß zu be-wir-then, Der mich lie - bet,
2. Daß ich nie - mals Hunger lei - de; Und so oft ich
3. Wer-den En - gel heim mich tragen In des Hir-ten

1. der mich kennt Und bei mei-nem Na - men nennt.
2. dur - stig bin, Führt er mich zur Quel - le hin.
3. Arm und Schooß. A-men, ja mein Glück ist groß.

Louise v. Hayn.

32.

Mel. Greenville.

1. Seht ihr dort auf grü = nen Flu = ren
Seht ihr auch auf sei = nen Spu = ren
2. Schaut, ein Lamm hat sich ver = lau = fen
Läßt den an = = dern gan = zen Hau = fen
1. Je = nen hol = den Schä = fer ziehn?
Schö=ner al = le Fel = = der blüh'n?
Kennt ihr
2. Und er ei = let schnel = len Lauf,
Su=chet sein Ver = lor' = nes auf.
Auf den
1. auch die from=men Heer = den, Schau = et an den
2. Schul=tern heim = ge = tra = gen Bringt es der ge=
1. Hir = ten = stab, Den des Him = mels und der
2. treu = e Hirt; Kei = = nes darf nun ängst=lich
1. Er = = den Va = ter sei = nen Hän = = den gab.
2. za = = gen, Sei es noch so weit ver = irrt.

Max v. Schenkendorf.

33.

Eigene Melodie.

1. Es sehnt das Kind sich nach dem Mutter-
2. Die Blumen sehnen nach der Sonne
3. Wo schlägt ein Mutterherz mir armen
4. Wo ist der Arzt für meiner Seele
5. Wo ist die Sonne? ich bin eine
6. Du bist es, du Herr Jesu nur al-
7. Du bist der Hirt, der mich, dein Schäflein,

1. herzen, Es sehnet sich die Braut zum Bräuti-
2. Strahlen, Die Vögel eilen nach dem Süden
3. Kinde, Das mir an Leib und Seele Pflege
4. Leiden, Der mich, den armen Kranken heilen
5. Blüthe, Ein Vögelein, wo liegt ein Süden
6. leine, Du unaussprechlich treues Mutter-
7. weidet, Mein Himmelssonnenschein, mein Süden

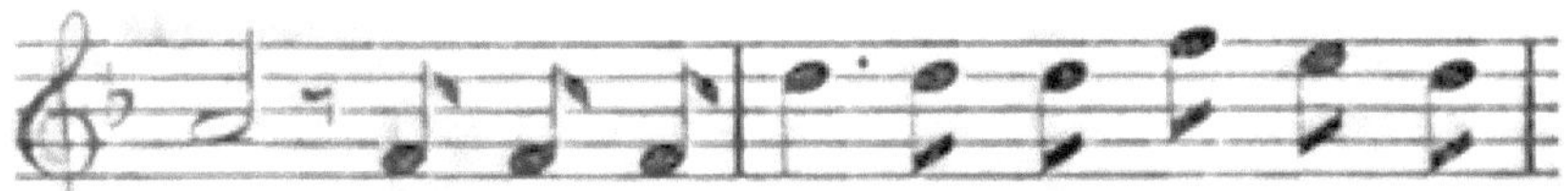

1. gam; Der Kranke seufzt nach Heilung seiner
2. zu. Der Durst'ge möchte stillen seine
3. gibt? Wer saget mir, wo ich den Bräut'gam
4. kann? Ich habe mich verirrt von grünen
5. mir? Wo ist der Quell für's dürstende Ge-
6. herz, Du Bräutigam der Seelen den ich
7. du; Mein Labequell wenn Durst das Herzen

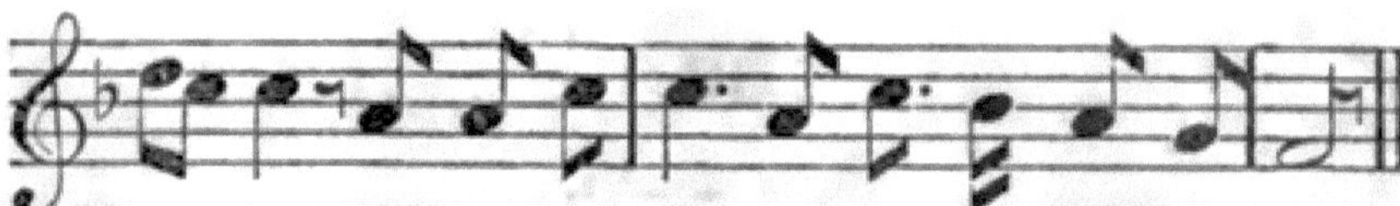

1. Schmerzen Und nach dem Hir-ten schreit das schwache Lamm
2. Qua-len, Der mü-de Wandersmann ver-lan-get Ruh'.
3. fin-de, Den mei-ne See-le heiß und e-wig liebt?
4. Wei-den, Wo treff' ich Schäflein mei-nen Hir-ten an?
5. mü-the? Die ew'-ge Ruh? die Seel' ist mü-de hier.
6. mei-ne, Du rech-ter Arzt auch für den tiefsten Schmerz
7. lei-det, Du bist und bleibst der See-le ew'-ge Ruh'.

Unbekannt.

34.

Mel. Wie schön leucht't uns der Morgenstern.

1. Am An-fang wa-rest du das
Du bist das En-de, dies be-
2. Du bist der Grund der Se-lig-
Ge-lo-bet sei des Va-ters
3. Du Gott und Mensch bist A und
A-men Herr Je-su, komm' nur

1. Wort, Da-durch Gott al-les brach-te
weis't: Ich kom-me bald, dein Wort ver-
2. keit, Denn eh' der Welt Grund war be-
Rath, Der dir so wohl ge-fal-len
3. O, Der ist und war, deß bin ich
bald, Der Na-men-chri-sten Leib ist

1. fort, Denn nichts ohn' dich er - schaf - fen;
beißt; Wer will den Trost weg - raf - fen?
2. reit't, Bin ich in dir er - wäh - let.
hat, Daß du mich auch ge - zäh - let.
3. froh, Daß du auch bald wirst kom - men.
kalt, Der Glaub' hat ab - ge - nom - men.

1. Herr Christ! Du bist Nur al - lei - ne,
2. Zeuch, Herr! Noch mehr Mein Ge - mü - the
3. Rath, Kraft, Sieg-haft, Mein Ver - tre - ter

1. Den ich mei - ne In den Nö - then:
2. Dei - ner Gü - te Zu ver - schrei - ben,
3. Und Er - ret - ter, Hil - fe sen - de,

1. Von dir zeu - gen die Pro - phe - ten.
2. Treu bis in den Tod zu blei - ben.
3. O du An - fang und das En - de.

J. Neander.

35.

Mel. Nun danket alle Gott.

1. Ich kann, mein Je - sus, dich Bei dei - nen
Und dar - aus Rath und That Und dei - nen
2. Du bist Im - ma - nu - el, Als Gott-mensch
Dein Na - me, Herr und Gott, Kann mich die
3. Die Na - men, wel - che dir Dein Mitt-ler-
Als: Rath, Kraft, Frie-de, Fürst, Held, Wahr-heit,
1. Na - men nen - nen,
Ruhm er - ken - nen,
Mein Je - sus hei - ßest
2. zu ver - eh - ren;
Gott-heit leh - ren.
Du bist des Va - ters
3. amt ge - ge - ben,
Weg und Le - ben,
Be - zeu - gen, daß in-
1. du, Der se - lig uns ge-macht; Mein Chri-stus,
2. Wort Und Kraft von al - ler Zeit, Des We - sens
3. dem Du, Go - el! mich be-frei'st, Du wirk - lich
1. der ge - salbt, Die Sal - bung uns ge - bracht.
2. E - ben - bild, Der Glanz der Herr - lich - keit.
3. zwi-schen Gott Und Men - schen Mitt - ler seist.

Reformirte Tradition.

36.

Mel. Hebron.

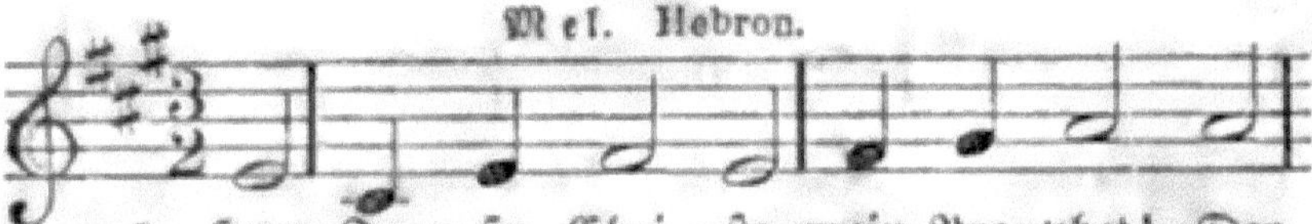

1. Herr Je - su Chri - ste, mein Pro - phet! Der
2. Mein Ho - her - prie - ster, der für mich Am
3. Mein Him'mels - kö - nig, mich re - gier'! Mein
4. Du hoch - er - hab' - ne Ma - je - stät! Mein

1. aus des Va - ters Schooße geht, Mach' mir den Va - ter
2. Kreuzes Stamm ge - o - pfert dich! Mach' mein Ge - wis - sen
3. Al - les un - ter - werf' ich dir; Rett' mich von Fein - de,
4. Kö - nig, Prie - ster und Prophet! Sei du mein Ruhm mein

1. of - fen - bar Und sei - nen heil'-gen Wil - len klar.
2. still und frei, Mein e - wi - ger Er - lö - ser sei.
3. Welt und Sünd' Die mir doch gar zu mäch - tig sind.
4. Schatz und Freud' Von nun an bis in E - wig - keit.

G. Tersteegen.

37.

Mel. Jesu, hilf siegen du Fürste.

1. Gro - ßer Pro - phe - te! mein Her - ze be-
Du, aus des Va - ters Schooß zu uns ge-
2. Prie - ster in E - wig - keit, mei - ne Ge-
Brin - ge mein Seuf - zen in hei - li - ge
3. Kö - nig der Eh - ren, dich wol - len wir
Las - set das Lo - ben und Dan - ken nun

1. geh - ret Von dir in - wen - dig ge-
keh - ret, Hast of - fen - ba - ret wie
2. dan - ken Den - ken mit bren - nen - dem
Schran-ken, Der du ein O - pfer ge-
3. eh - ren; Stim-met ihr Sai - ten der
hö - ren, Weil wir die theu - er Er-
1. leh - ret zu sein,
du und ich bin;
2. Ei - fer an dich,
wor - den für mich;
3. Lie - be! mit ein,
kau - fe - ten sein.
Du hast als Mitt - ler den
Du bist als Für-sprach' zum
Herr-sche, lieb - wür - dig - ster
1. Teu - fel be - zwun - gen, Dir ist das
2. Him - mel ge - fah - ren, Kannst auch dein
3. Hei - land als Kö - nig; Men - schen - freund
1. Schlan - gen - kopf - tre - ten ge - lun - gen.
2. Ei - gen - thum e - wig be - wah - ren.
3. schü - tze die Dei - nen nur ste - tig.

J. Neander.

XII. Adventslieder.

38.

Mel. Lobe den Herren den mächtigen.

1. Jauch-zet, ihr Him-mel! froh-lo-cket in
Sin-get dem Her-ren, dem Hei-land der
2. Se-het dies Wun-der, wie tief sich der
Se-het die Lie-be, die ganz sich als
3. Treu-er Im-ma-nu-el! werd' auch in
Komm' o mein Hei-land, denn oh-ne dich
1. glän-zen-den Chö-ren!
Men-schen zu Eh-ren!
Se-het doch
2. Höch-ste ge-beu-get!
Lie-be nun zei-get!
Gott wird ein
3. mir neu ge-bo-ren!
bin ich ver-lo-ren!
Woh-ne in
1. da! Gott will so freund-lich und nah',
2. Kind, Trägt und ver-til-get die Sünd';
3. mir, Ma-che mich Ei-nes mit dir,
1. Zu den Ver-lor'-nen sich keh-ren.
2. Stau-net und dan-ket und schwei-get.
3. Der du mich lie-bend er-ko-ren.

G. Tersteegen.

39.

Eigene Melodie.

1. Ihr Kin - - der - - lein kom - met, o
Zur Krip - pe her kom - met, in
2. O seht, in der Krip - pe, im
Seht hier, bei des Licht - leins hell-
3. O beugt wie die Hir - ten an-
Er - he - - bet die Händ - lein und
1. kom - met doch all',
Beth - le - hem's Stall,
2. nächt - li - chen Stall;
glän - zen - dem Strahl,
3. be - tend die Knie,
dan - ket wie sie;
Und seht was in
In rein - li - chen
Stimmt freu - dig, ihr
1. die - - ser hoch - hei - - li - gen Nacht, Der
2. Win - deln das himm - li - sche Kind, Viel
3. Kin - der, wer wollt' sich nicht freu'n? Stimmt
1. Va - ter im Him - mel für Freu - de uns macht.
2. schö - ner und hol - der als En - gel es sind.
3. freu - dig zum Ju - bel der En - gel mit ein.

Ch. v. Schmid.

40.

Eigene Melodie.

1. Stil - - le Nacht! Heil' - - ge Nacht! Al - les
2. Glän-zen-de Pracht Strahlt durch die Nacht, Hir - ten
3. Licht statt Nacht Hat . . ge-bracht Heil'-ges
1. schläft, ein - sam wacht Nur das hei - li - ge
2. wird's kund ge-macht. Durch der En - gel Hal-
3. Kind, dei - ne Macht. Lieb - lich liegst du ge-
1. El - - tern - paar, Das im Stal - le zu
2. le - - lu - ja Tönt es laut . . von
3. bet - tet auf Stroh, O wie macht uns dein
1. Beth - le - hem war Bei dem himm - li - schen
2. fern . . . und nah: Christ der Ret - ter ist
3. Ant - - - litz froh, Froh dein Kom - men auf
1. Kind . . . bei . . dem himm - li - schen Kind.
2. da . . . . Christ der Ret - ter ist da.
3. Erd' . . . Froh dein Kom-men auf Erd'.

Unbekannt.

41.

Eigene Melodie.

1. Du lie = ber heil' = ger from = = mer
2. Du Licht vom lie = ben Gott ge=
3. Du lie = ber heil' = ger from = = mer
4. O seg = ne mich, ich bin noch
5. Daß ich wie En = gel Got = = tes

1. Christ, Der für uns Kin = der kom = = men
2. sandt, In un = ser dunk = les Er = = den=
3. Christ, Weil heu = te dein Ge = burts = = tag
4. klein, O ma = che mir die See = = le
5. sei, In De=muth und in Lie = = be

1. ist, Da = mit wir sol = = len weis' und
2. land; Du Him = mels = kind, du Him=mels=
3. ist, D'rum ist auf Er = = den weit und
4. rein, O ba = de mir die See = le
5. treu, Daß dein ich blei = = be für und

1. rein Und rech = te Kin = = der Got = tes sein.
2. schein, Da = mit wir sol = = len himm=lisch sein.
3. breit Bei al = len Kin = = dern fro = he Zeit.
4. hell In dei=nem rei = = chen Him=mels=quell.
5. für, Du heil'=ger Christ, das schen = ke mir.

E. M. Arndt.

42.

Mel. Sicily.

1. 2. 3. O du fröh - li - che, O du se - li - ge,

1. 2. 3. gna-den-brin-gen-de Weihnachtszeit!

1. Welt ging ver-
2. Christ ist er-
3. Himm-li-sche

1. lo - - ren, Christ ward ge - - bo - - ren,
2. schie - nen, Uns zu ver - süh - - nen,
3. Hee - re, Jauch - zen dir Eh - - re,

1. 2. 3. Freu - e, freu - e dich Chri - sten - heit.

Joh. Falk.

XIII. Neujahrslieder.

43.

Eigene neuere Melodie: Wie groß ist des Allmächt'gen Güte.

1. Ein neu - es Jahr hat an - ge - fan - gen, Der
Viel' hun-dert Jahr' sind hin - ge - gan - gen, Seit
2. Du siehst auch heut' vom Him-mel wie - der Auf
Ach, hilf auch die - ses Jahr uns wie - der, Da

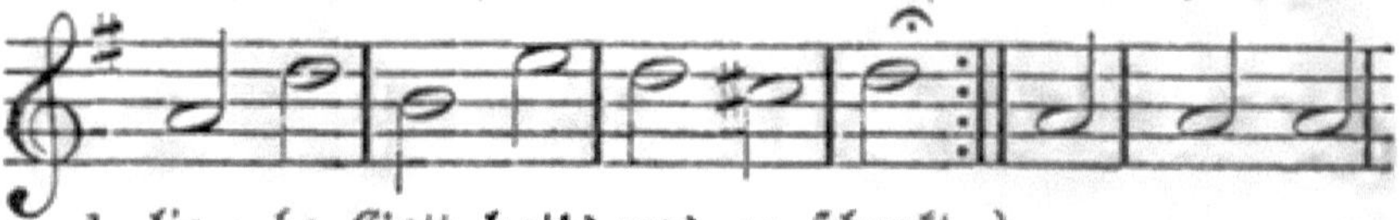

1. lie - be Gott hat's uns ge-schenkt.
er an sei - ne Men-schen denkt, } Und hört nicht
2. mich und je - des klei - ne Kind.
wir ohn' dich ver - las - sen sind. } Herr Je - su,

1. auf, für uns zu sor - gen, Und wird nicht mü - de
2. du hast Kraft und Stär-ke Und si - cher ist's in

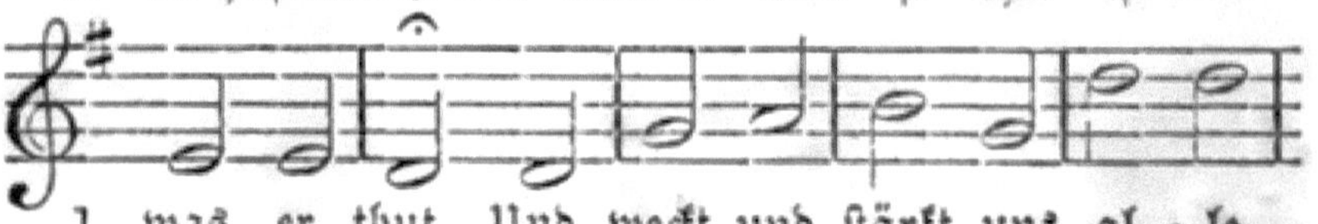

1. was er thut, Und weckt und stärkt uns al - le
2. dei - ner Hut: Be - wah - re uns in je - dem

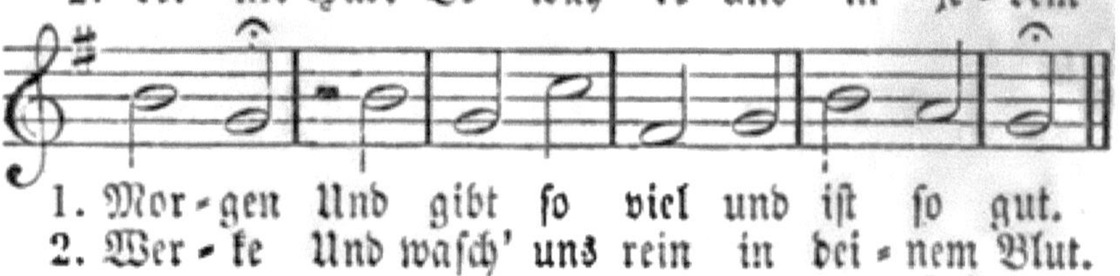

1. Mor - gen Und gibt so viel und ist so gut.
2. Wer - ke Und wasch' uns rein in dei - nem Blut.

H. Puchta.

44.

Mel. Komm' o komm' du Geist des Lebens.

1. Sagt mir nichts von an - dern Na - men,
Men-schen ha - ben all' zu - sam - men
2. Va - ter, du hast ihn ge - ge - ben,
Je - su, du trägst ihn zum Le - ben,
3. Lehr' uns ihn im Glau - ben ken - nen,
In dem Be - ten von ihm bren-nen,
1. Denn in kei - nem ist das Heil;
An dem Sün - der Na - men Theil.
2. Dir sei Dank in E - wig - keit.
Dir sei Ruhm von uns be - reit.
3. Und in ihm thun was wir thun,
Und im To - - de auf ihm ruh'n.
1. Je - sus Nam' ist ganz al - lein
2. Geist der ihn in uns ver - klärt,
3. Al - - so wer - den wir al - lein
1. Uns ein Nam' zum Se - lig - - sein.
2. Sei in ihm von uns ge - - ehrt
3. Auch in Je - - su se - - lig sein
Unbekannt.

XIV. Vom Wandel Jesu auf Erden.

45.

Eigene Melodie.

1. Im - mer muß ich wie - der le - sen In dem
2. Wie er hieß die Kind-lein kom-men, Wie er
3. Wie er Hil - fe und Er - bar - men Al - len
4. Wie er kei - nem Sün - der wehr - te, Der be-
5. Im - mer muß ich wie - der le - sen, Les' und

1. al - ten heil'gen Buch, Wie er ist so sanft ge-
2. hold sie an - ge - blickt, Und sie in den Arm ge-
3. Kranken gern er - wies, Und die Blö-den und die
4. küm-mert zu ihm kam, Wie er freundlich ihn be-
5. wei - ne mich nicht satt, Wie er ist so treu ge-

1. we - - sen, Oh - ne List und oh - ne Trug.
2. nom - men Und sie an das Herz ge-drückt.
3. Ar - - men Sei-ne lie - ben Brü - der hieß.
4. kehr - te, Ihm den Tod vom Her - zen nahm.
5. we - - sen, Wie er uns ge - lie - bet hat.

Louise Hensel.

46.

Eigene Melodie.

1. Hab' ich recht und wahr ver - nom-men?
2. Sieh', ge - schwin - de will ich kom-men,
1. Je-sus Chri-stus spricht: Laßt die Kind-lein zu mir
2. Bin ja auch ein Kind, Weil so freundlich auf-ge-
1. kom-men, Weh-ret ih-nen nicht! Hält sie dann so
2. nom-men Doch die Kleinen sind. Je - su, laß nur
1. fest An sein Herz ge-preßt, Schen-ket ih-nen sei-nen
2. dein Mich auf e - wig sein: Dein im Le-ben, dein im
1. Se-gen, Der sie führt auf al-len We - - - - gen.
2. Sterben, Deinen Him-mel laß mich er - - - - ben.

Hey.

47.

Mel. Valet will ich dir geben.

1. Dort sitzt als klei - ner Kna - be, Am Gott ge-
In Knechts-ge-stalt ge - hül - let, Das fleisch-ge-
2. Kommt Kin-der, laßt uns Al - le So lern - be-
Und an dem Wor - te Got - tes So in - nig
3. Dann wer - den wir auch wach-sen An Jah - ren
An Weis-heit auch und Gna - de Und Gott ge-
1. weih - ten Ort, word'-ne Wort. Die ew' - ge Weis-heit ler-
2. gie - rig sein; uns er - freu'n! Laßt uns aus wah-rer Lie-
3. nicht al - lein, fäl - lig sein. Als uns' - rer El - tern Freu-
1. net Und lehrt in - dem sie fragt. Daß Ju - da's
2. be Zur Schul' und Kir-che geh'n, Und dort auf
3. de Und theu - rer Leh-rer Zier, Einst dro - ben
1. Wei - sen stau - - nen Ob Al - lem was sie sagt.
2. uns' - re Leh - - rer Mit Fleiß und De-muth seh'n.
3. e - wig se - - lig Und froh und glück-lich hier.

Leopold Mohn.

48.

Mel. Warwick.

1. Wer ist der Mann von gro - ßer That, Voll
2. Den Kran-ken, der um Hei - lung fleht, Heilt
3. Dem Tau-ben öff - net er das Ohr; Der
4. Der Tod-te rich - tet, wo er ruft, Em-
5. Ein wil - der Sturm em - - pört das Meer, Die
6. Wer ist der Mann voll gro - ßer Kraft, Der
7. Das ist der Mitt - ler Je - sus Christ, Du,
1. wun-der - - ba - - rer Kraft, Der je - dem Dul - der
2. sein ge - - wal - tig Wort; Der Lah-me nimmt sein
3. Stumm-ge - bor' - ne spricht; Es weicht der Au - gen
4. por den star - ren Blick; Auf sein Ge - heiß gibt
5. Wo - ge schäumt und steigt; Er dräut, da wird es
6. sol - che Tha - ten thut, Der je - dem Dul - der
7. der vom Him - mels - zelt Aus Got-tes Schooß ge-
1. wel - cher naht, Im E - - lend Hül - fe schafft?
2. Bett und geht Ver - jüngt an Kräf-ten fort.
3. finst' - rer Flor, Des Blin - den Nacht wird Licht.
4. selbst die Gruft Den frü - hern Raub zu - rück.
5. still um - her, Und Sturm und Wo - ge schweigt.
6. Hil - fe schafft, Und nim - mer säumt und ruht?
7. kom - men ist Als Hei - land al - ler Welt.

Unbekannt.

49.

Mel. Wie schön leucht't uns der Morgenstern.

1. Zeuch, Je - su, in die Her - zen ein; Der
In Sanftmuth pflegst du ein - zu-zieh'n, Da
2. Zeuch, Je - su, in die Her - zen ein, Lehr'
Das gan - ze Herz be - herr - sche du, Es
1. kommt der soll ge - lo - bet sein, Denn du bist
muß die Furcht des To - des flieh'n, Und al - ler
2. uns das Ho - si - an - na schrei'n, Und dein Er-
ru - fe dir mit Won-ne zu In heils-be-
1. Herr der Her - zen.
Sün - den Schmer-zen.
2. schei - nen lie - ben.
gier' - gen Trie - ben.
Le - ben Ge - ben;
Neu - e Treu - e
1. Gnad' er - thei - len, Wun-den hei - len Tödt-lich
2. Wirk' in al - len, Laß er - schal-len: Un-serm
1. Kran-ken, Ist dein Thu - en das wir dan - ken.
2. Kö - nig Ist nun al - les un - ter - thä - nig.

Goßner's Liedersammlung.

XV. Vom Leiden und Sterben Christi.

50.

Mel. Schwing' dich auf zu deinem Gott.

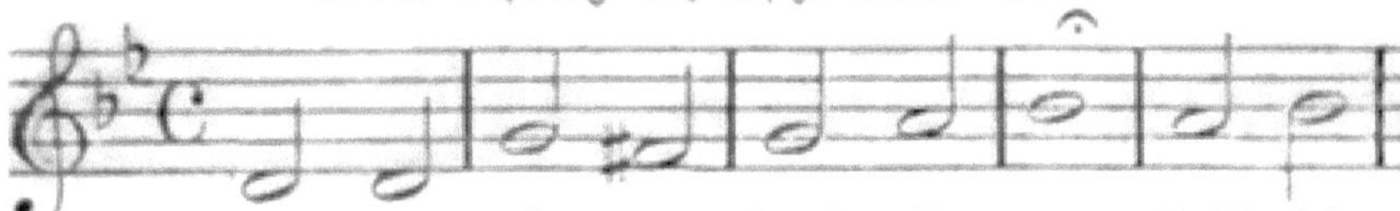

1. Je - su, dei - ne Pas - si - on Will ich
Wol - lest mir vom Him-mels-thron Geist und
2. Gib, daß ich recht se - hen mag Dei - ne
Dei - ne Schlä - ge, dei - ne Schmach, Dei - ne
3. Gib auch, Je - su, daß ich gern' Dir das
Daß ich De - muth von dir lern' Und Ge-

1. jetzt be - den - ken; An-dacht schen-ken. } In dem Bil - de jetzt er-
2. Angst und Ban - de, Kreu-zes Schan-de, } Dei - ne spi - tze Dor-nen-
3. Kreuz nach - tra - ge; duld in Pla - ge; } Daß ich dir geb' Lieb' um

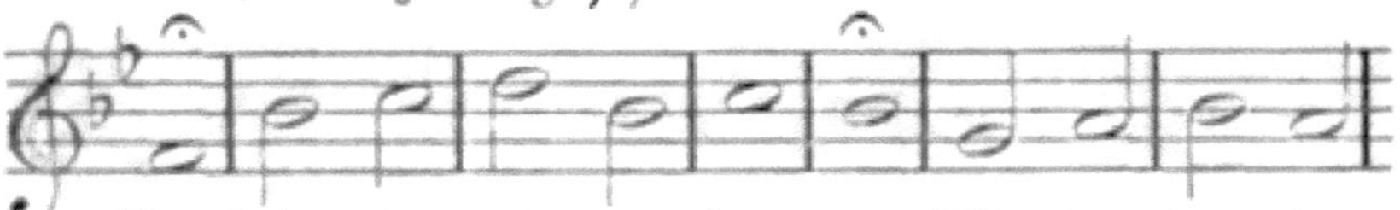

1. schein', Je - su, mei - nem Her - zen, Wie du, un - ser
2. kron', Dei-ne tie - fen Wun - den, Und den Tod, o
3. Lieb' — In-deß laß dies Lal - len, Bis es kommt aus

1. Heil zu sein, Lit - test gro - ße Schmer-zen.
2. Got - tes Sohn, Den du dort em - pfun - den.
3. rein'-rem Trieb, Je - su, dir ge - fal - len.

S. von Birken.

51.

Mel. Erquicke mich du Heil der Sünder.

1. Hier liegt mein Hei - land in dem Gar-
Be - drängt mit vie - len Lei - dens - ar-
2. Ich seh' ihn mit dem To - de rin-
Ich seh' Bluts - tro - pfen aus ihm drin-
3. Herr Je - su, laß dein ängst - lich schwi-
Mich vor der Macht der Sün - de schü-
1. ten Auf sei - nem heil'-gen An - ge - sicht,
ten, Für mei - nen Schmerz und Sün - den - gicht.
2. gen Und matt in di - ckem Schwei - ße steh'n,
gen Und durch zer - riss' - ne A - dern geh'n;
3. tzen Und dei - nen d'rauf er - folg - ten Tod,
tzen In mei - ner letz - ten See - len - noth:
1. Angst, Noth und al - le Trau - er - wo - gen, Die
2. Sein Angstschweiß will nicht stil - le wer - den, Er
3. Laß dei - nen Schweiß zum Trost ge - nie - ßen, Sich
1. ha - ben sei - ne Seel' um - zo - gen.
2. läuft wie Bä - che zu der Er - den.
3. stets in mei - ne Seel' er - gie - ßen.

Rheinische Tradition.

52.

Mel. O Welt sieh' hier dein Leben.

1. O Welt sieh' hier dein Le - ben, Am
2. Wer ist's der dich ge - schla - gen, Mein
3. Ich bin's, ich soll - te bü - ßen, An
1. Stamm des Kreu-zes schwe - ben! Dein Heil sinkt
2. Heil, und dich mit Pla - - gen So zu - ge-
3. Hän - den und an Fü - - ßen Ge - bun - den
1. in den Tod; Der gro - ße Fürst der
2. rich - tet hat? Du bist ja nicht ein
3 in der Qual; Die Gei - ßeln und die
1. Eh - ren, Läßt wil - lig sich be - schwe-
2. Sün - der Wie wir und uns' - re Kin-
3. Ban - den Und was du aus - ge - stan-
1. ren Mit Schlä-gen, Hohn und gro - ßem Spott.
2. der, Und weißt von kei - ner Mis - se - that.
3. den, Hab' ich ver - die - net all - zu - mal.

P. Gerhard.

53.

Eigene Melodie.

1. Kommt, o lie = be Kin-der, Kommt zum Kreuz her=
Seht den Freund der Sün=der, Seht den Schmer-zens=
2. Tre - tet nur recht na = he, Denn er hat euch
So wie er euch sa = he, Mit ent = brann = tem
3. Gebt dem Lamm das Sei = ne, Sei-nen Schmer=zens=
Sagt ihm wir sind Dei - ne, Heil'=ger Got = tes=
1. an, mann; Seht, ach seht ihn han = gen, Seht an
2. lieb Trieb, Aus des To = des Stri = cken Euch her=
3. lohn; sohn, Dei = nes Lei = dens Beu = te, Dein er=
1. sei = nem Blut, Was er vor Ver=
2. aus = zu = zieh'n, Ach, mit sol = = chen
3. worb'=nes Gut, E - wig = lich wie
1. lan - gen Nach den Sün = dern thut.
2. Bli = cken, So be = trach - tet ihn.
3. heu - te Durch dein theu = res Blut.

Unbekannt.

54.

Mel. Herr und Aelt'ster deiner Kreuzgemeine.

1. Mar - ter Chri - sti, wer kann dein ver - ges - sen,
Un - ser Her - ze wünscht sich un - ter - des - sen
2. Die wir uns all - hier bei-sam-men fin - den,
Uns auf dei - ne Mar - ter zu ver - bin - den,
1. Der in dir sein Wohl-sein find't!
Stets noch mehr zum Dank en-zünd't,
2. Schla-gen uns' - re Hän - de ein,
Dir auf e - wig treu zu sein.
Uns' - re
Und zum
1. See-le soll sich da - ran näh-ren, Uns' - re Oh-ren
2. Zeichen, daß dies Lob - ge - tö - ne Dei-nem Her-zen
1. nie was Lieb'-res hö - ren; Al - le Ta - ge
2. an - ge - nehm und schö - ne, Sa - ge: A - men!

1. kommt er mir Schö - ner in dem Bil - de für.
2. und zu-gleich: Frie-de, Frie - de sei mit euch!

Chr. Ben. von Zinzendorf.

55.

Mel. O Traurigkeit, o Herzeleid.

1. So ru - hest du, O mei - ne Ruh', In
2. Man senkt dich ein Nach vie - ler Pein, Du
3. Doch Preis sei dir! Du konn-test hier Nicht
4. O Le - bens-fürst! Ich weiß du wirst Auch
5. Nein, nichts ver-dirbt; Der Leib nur stirbt; Doch
6. In - deß will ich, Mein Je - su dich In

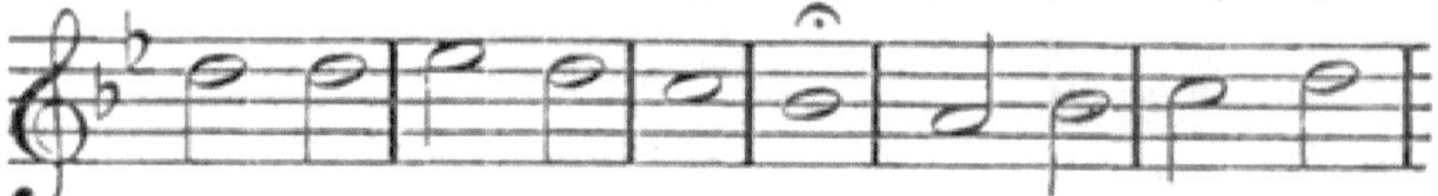

1. dei - nes Gra - bes Höh - le, Und er-weckst durch
2. mei - nes Le - bens Le - ben! Dich hat jetzt ein
3. die Ver - we - sung se - hen; Bald ließ dich des
4. mich zum Le - ben we - cken: Soll - te denn mein
5. wird er auf - er - ste - hen, Und mit Him-mels-
6. mei - ne See - le sen - ken Und an dei - nen

1 dei - nen Tod Mei - ne tod - te See - le.
2. Fel - sen - grab, Fels des Heils um - ge - ben.
3. Va - ters Kraft Aus dem Grab er - ste - hen.
4. gläu - big Herz Vor der Gruft er - schre-cken?
5. glanz ver - klärt Aus dem Gra - be ge - hen.
6. bit - tern Tod Bis zum Grab' ge - den - ken.

Salomo Frank

56.

Eigene Melodie.

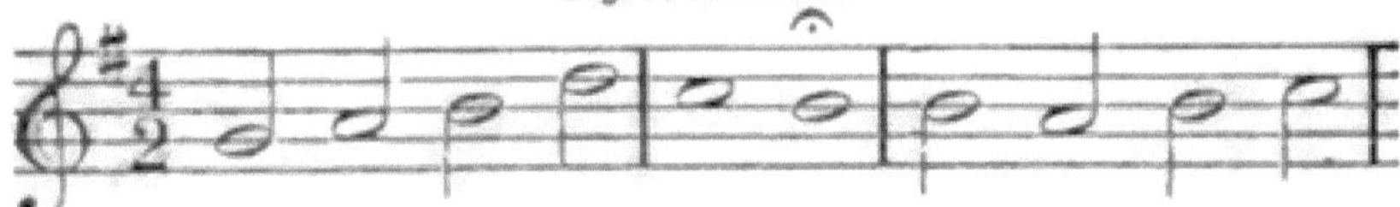

1. Chri - ste, du Lamm Got - tes, Der du trägst die
2. Chri - ste, du Lamm Got - tes, Der du trägst die
3. Chri - ste, du Lamm Got - tes, Der du trägst die

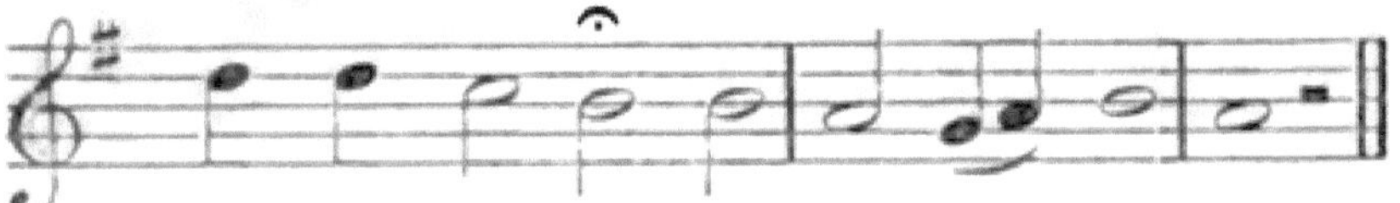

1. Sün - de der Welt, Er - barm dich un - ser!
2. Sün - de der Welt, Er - barm dich un - ser!
3. Sün - de der Welt,

3. Gib uns dei - nen Frie - - den! A - - men.

Das deutsche "Agnus Dei," Uebersetzer unbekannt.

57

Eigene Melodie.

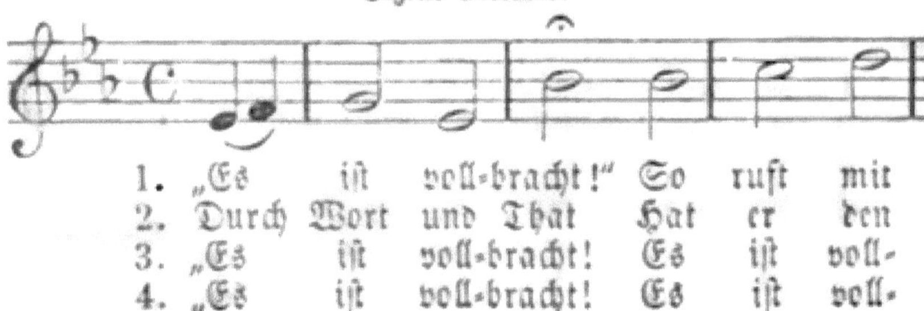

1. „Es ist voll-bracht!" So ruft mit
2. Durch Wort und That Hat er den
3. „Es ist voll-bracht! Es ist voll-
4. „Es ist voll-bracht! Es ist voll-

7

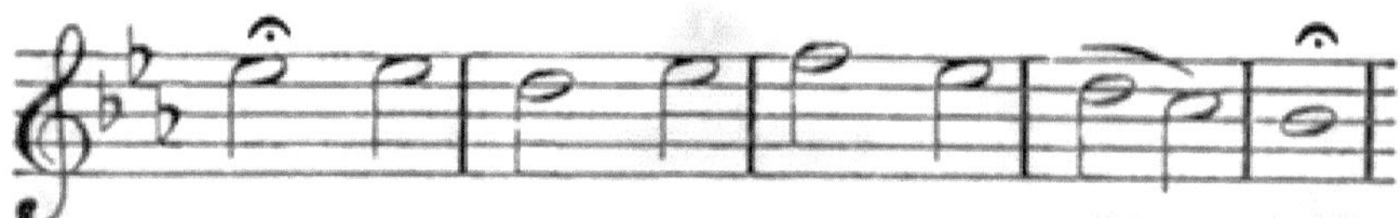

1. Macht Der Herr vom Kreuz her - nie - der.
2. Rath Des Va - ters treu vol - len - det,
3. bracht!" Ihr mei - ne vie - len Sün - den
4. bracht!" Ich will mich gläu - big le - - gen

1. Stimmt in sei - nen Siegs-ge - sang Mit er-
2. Der ihn uns zum Trost und Heil In die
3. Ver - dammt nun mein Herz nicht mehr! Schon hör'
4. Auf des Sie - gers Gra - bes - stein; Wie - der

1. lös - te Brü - - der. „Es ist voll-bracht! Es
2. Welt ge - sen - - det. „Es ist voll-bracht! Es
3. ich's ver - kün - - den: Des Lam-mes Blut Hat
4. werd' ich le - - ben. O Le - bens-wort: „Es

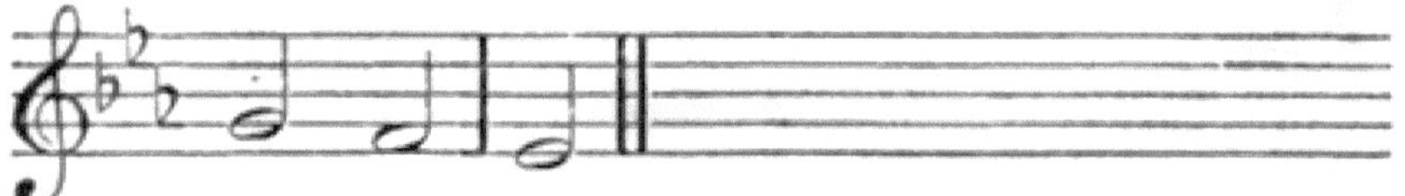

1. ist voll - bracht."
2. ist voll - bracht.
3. es „voll - bracht."
4. ist voll - bracht.

Unbekannt.

XVI. Osterlieder.

58.

Mel. Meinen Jesum lass' ich nicht.

1. Hal - le - - lu - jah, Chri - stus lebt!
Aus der Nacht des Gra - bes schwebt
2. Chri - stus lebt! wer ist be - trübt,
Der uns bis in Tod ge - liebt,
3. Chri - stus lebt! Sein Le - bens - pfand,
Furcht und Un - ruh' sind ver - bannt,
1. Er war todt und le - bet wie - - der.
Schon der Erst - ling sei - ner Brü - - der,
2. Schlägt die Au - gen muth - los nie - - der?
Un - ser Bru - der le - bet wie - - der.
3. Chri - sti Geist lebt mir im Her - - zen;
Leer die Quel - le mei - ner Schmer - zen,
1. Sprengt für sie des To - des Thor, Und tritt
2. End - los ist sein Le - ben nun, Und ohn'
2. Und auf mei - nem An - ge - sicht Glänzt des
1. im Tri - umph her - vor.
2. En - de wohl - zu - thun.
3. ew'-gen Le - bens Licht.

C. B. Garve.

59.

Mel. Herr Jesu Gnadensonne.

1. Mein Fels hat ü = = ber = wun = den Der
Der Dra = che liegt ge = bun = den, Die
2. Auf denn, mein Herz und brin = ge Dem
Ver = treib die Furcht und schwin = ge Im
3. Ich darf dem Ab = grund po = chen Auf
Die Rie = gel sind zer = bro = chen, Die
1. Höl = le gan = zes Heer!
Sün = de kann nicht mehr
Mich durch's Ge=
2. Hei = land Dank da = vor,
Glau = ben dich em = por.
Wirf des Ge=
3. dei = ne Macht und Treu;
Fes = seln sind ent = zwei;
Des Werk = bunds
1. setz ver = dam = men; Denn al = le Zor = nes=
2. wis = sens Na = gen, Dein Sor = gen und dein
3. Don = ner = kei = le, Des Sa = tans Feu = er=
1. flam = men Hat Je = sus aus = ge = löscht.
2. Za = gen In Chri = sti lee = res Grab!
3. pfei = le Zer=malmt mein Glau = bens = schild.

Lampe.

60.

Eigene Melodie.

1. Je - sus, mei - ne Zu - ver - sicht, Und mein
Die - ses weiß ich, sollt' ich nicht Da - rum
2. Je - sus, er, mein Hei - land, lebt; Ich werd'
Sein, wo mein Er - lö - ser schwebt; Wa - rum
3. Ich bin durch der Hoff - nung Band Zu ge-
Mei - ne star - ke Glau - bens - hand Wird in
1. Hei - land, ist im Le - ben, mich zu - frie - den ge - ben? } Was die
2. auch das Le - ben schau - en, soll - te mir denn grau - en? } Läs - set
3. nau mit ihm ver - bun - den, ihn ge - legt be - fun - den, } Daß mich
1. ban - ge To - des - nacht Mir auch für Ge-
2. auch ein Haupt sein Glied, Wel - ches es nicht
3. auch kein To - des - bann E - wig von ihm

1. dan - ken macht.
2. nach sich zieht?
3. tren - nen kann.

Louise Henriette, Kurfürstin von Brandenburg.

61.

Eigene Melodie.

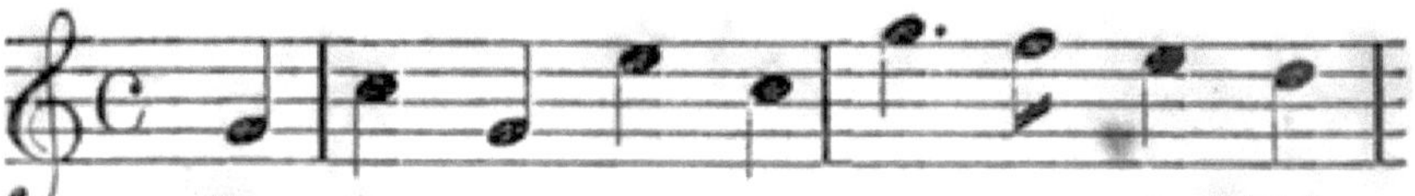

1. Ich sag' es Je-dem, daß Er lebt Und
2. Ich sag' es Je-dem, Je-der sagt Es
3. Hin-un-ter in das tie-fe Meer Ver-
4. Der dunk'-le Weg, den er be-trat, Geht
5. Er lebt und wird nun bei uns sein, Wenn

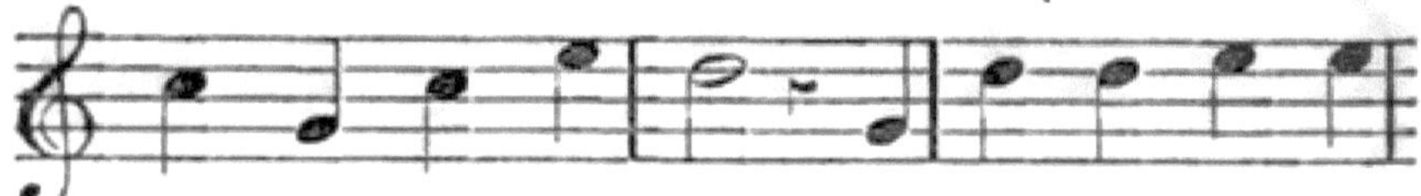

1. auf-er-stan-den ist, Daß Er in uns'-rer
2. sei-nen Freun-den gleich, Daß bald an al-len
3. sank des To-des Grau'n, Und Je-der kann nun
4. in den Him-mel aus Und wer nur hört auf
5. Al-les uns ver-läßt, Und so soll die-ser

1. Mit-te schwebt Und e-wig bei uns ist.
2. Or-ten tagt Das neu-e Him-mel-reich.
3. licht und hehr In sei-ne Zu-kunft schau'n.
4. sei-nen Rath, Kommt auch in's Va-ter-haus.
5. Tag uns sein Ein Welt-ver-jün-gungs-fest.

F. v. Hardenberg-Novalis.

XVII. Von der Himmelfahrt Christi.

62.

Mel. Duke Street. L. M.

1. Auf, Je - su Jün - ger! freu - et euch,
2. Sein Werk auf Er - den ist voll - bracht;
3. Weit, ü - ber al - le Him - mel weit,
4. Dein Ein-gang in die Herr - lich - keit

1. Der Herr fährt auf zu sei - nem Reich,
2. Zer - stört hat er des To - des Macht;
3. Geht sei - ne Macht und Herr - lich - keit;
4. Stärk' uns in uns' - rer Prü - fungs - zeit,

1. Er tri - um - phirt, lob - sin - get ihm!
2. Er hat die Welt mit Gott ver - söhnt,
3. Ihm die - nen selbst die Se - ra - phim,
4. Nur dir zu le - ben, dir zu trau'n,

1. Lob - sin - get ihm mit lau - ter Stimm'!
2. Und Gott hat ihn mit Preis ge - krönt.
3. Lob - sin - get ihm mit lau - ter Stimm'!
4. Bis wir der - einst dein Ant - litz schau'n.

Rheinische Tradition.

63.

Mel. Jesu meines Lebens Leben.

1. Sie-ges-fürst und Eh-ren-kö-nig,
Al-le Him-mel sind zu we-nig,
2. Schei-bend bringst du mir dein Le-ben,
Lehr' mich nur im Gei-ste schwe-ben;

1. Höchst ver-klär-te Ma-je-stät!
Du bist d'rü-ber hoch er-höht.
} Sollt' ich
2. Gott und Him-mel in-nig nah'.
Gleich als stünd' ich vor dir da.
} Fremd der

1. nicht zu Fuß dir fal-len, Nicht mein Herz vor
2. Welt von Zeit und Sin-nen, Bei dir ab-ge-

1. Freu-de wal-len, Wenn mein Glau-bens-aug' hin-
2. schie-den drin-nen, Mit zum Him-mel hin-ge-

1. an Schaut auf dei-ne Sie-ges-bahn?
2. rückt, Wo mich Je-sus nur ent-zückt!

Tersteegen.

64.

Mel. Lobe den Herren den mächtigen König.

1. Sam-melt, ihr Kin - der, aus Lieb' euch zu
Se - het! der Hei - land er - hebt sich zum
2. Er hat er - öff - net des Himmels hell
Strah-len der Gna - de ver - hei - ßen den
3. Gött - li - cher Hei - land, du hast uns zum
Dich hier im Stau - be der Thrä - nen mit
1. freu - di - gen Chö - ren!
Thro - ne der Eh - ren.
2. leuch - ten - de Hal - len,
Klei - nen vor al - len;
3. Le - ben er - ho - ben,
Freu - den zu lo - ben,
Jauch - ze o
Himm - li - sche
Sei un - ser
1. Welt! Mit ihm zum Him - mels - ge - zelt
2. Lust Schen-ket er in ih - re Brust,
3. Dank! Tö - ne o Ju - bel - ge - sang,
1. Wirst du froh - lo - ckend einst keh - ren.
2. Ob sie in Thrä - nen auch wal - len.
3. Hoch in den Him - mel dort o - - ben!

Unbekannt.

XVIII. Vom heiligen Geiste.

65.

Mel. Wie schön leucht't uns der Morgenstern.

1. O heil'=ger Geist! kehr' bei uns ein, Und
Du Him=mels=licht! laß dei=nen Schein Bei
2. Du Quell d'raus al=le Weis=heit fließt, Die
Daß wir in Glau=bens=Ei=nig=keit Mit
1. laß uns dei=ne Woh=nung sein, O komm', du
uns und in uns kräf=tig sein, Zu ste=ter
2. sich in from=me See=len gießt Laß dei=nen
An=dern in der Chri=sten=heit Dein wah=res
1. Her=zens=son=ne! Freud' und Won=ne; Daß wir In dir
2. Trost uns hö=ren, Zeug=niß leh=ren! Hö=re, Leh=re,
1. Recht zu le=ben Uns er=ge=ben, Und mit
2. Daß wir kön=nen Herz und Sin=nen Dir er=
1. be=ten Oft der=hal=ben vor dich tre=ten.
2. ge=ben, Dir zum Lob und uns zum Le=ben.

Schirmer.

66.

Mel. Jesu meine Freude.

1. Heil' - ge Got - tes - tau - be, Die der
Saf - se dich her - nie - der! Hier sind
2. Komm zu uns hie - nie - den Und laß
Wie du dich er - he - best, Auf dem
1. Vä - ter Glau - be Längst ge - se - hen
Chri - sti Glie - der, Hier ist Got - tes
2. dei - nen Frie - den Ue - ber Al - len
Was-ser schwe - best, So kehr' bei uns
1. hat: Stadt. Hal - te Rast Er - wünsch - ter Gast,
2. sein, ein; Zeig' uns hier Das Oel - blatt für,
1. In den Her - zen die ver - lan - gen,
2. Als das höchst er - wünsch - te Zei - chen,
1. Dich jetzt zu um - fan - gen.
2. Daß die Flu - then wei - chen!

Schmolke.

67.

Mel. Dundee.

1. Du bist, o Geist der Gna = den, Auch
2. Wir be = ten all = zu = schwäch = lich, Nicht
3. In Leib's und See = len Schmer = zen Kommt
4. Das will der Va = ter ha = = ben; Wie
5. Du lehrst uns für uns bit = = ten, Du
6. Ich prei = se dei = nen Na = = men, Daß

1. des Ge = be = tes Geist, Durch den es uns ge=
2. was, und wie's ge= bührt; Du seuf = zest un = aus=
3. Kraft und Trost von dir; Du sprichst den Kin=der=
4. er im Sohn al = lein, So will er auch um
5. lehrst für Brü=der fleh'n, Und Gott, wenn's aus=ge=
6. du auch in mir bist, Und lehrst mich auch ein

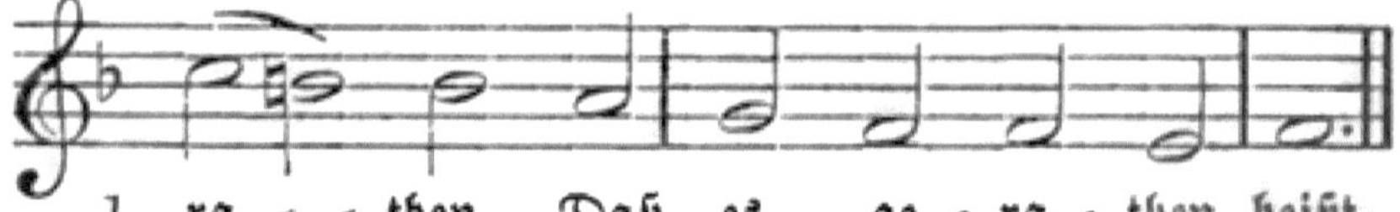

1. ra = = then, Daß es ge = ra = then heißt.
2. sprech = lich, Daß es den Va = ter rührt.
3. her = = zen Das Al = les sel = ber für.
4. Ga = ben Im Geist ge = be = ten sein.
5. lit = = ten, Mit Lob und Dank er = höh'n.
6. A = = men, Das froh und gläu = big ist.

Hiller.

68.

Mel. Danvers.

1. O heil' - ger Geist, kehr' bei uns ein; Mach'
2. Schenk' uns von dei - nem hel - len Licht: Wir
3. Schenk' uns der Lie - be e - deln Sinn, Und
4. Schenk' uns den Ei - fer des Ge - bets, Und
5. O mach' uns noch in die - sem Jahr So

1. uns' - re jun - gen Her - zen rein, Da-
2. wis - sen ja so vie - les nicht; Wir
3. nimm den Neid und Zorn da - - hin, Das
4. wenn wir träg' sind, weck' uns stets! Wir
5. wie der lie - be Hei - land war, Daß

1. mit sie noch auf Er - - - den Ein
2. wan - deln wie die Blin - - den, Die
3. Bit - t're laß ver - ge - - - hen, Daß
4. sind so arm und schmäch - tig, Mach'
5. wir auch wach - sen mö - - gen An

1. Tem - pel Got - tes wer - - den.
2. ih - ren Weg nicht fin - - den.
3. wir nur Frie - den sä - - en.
4. uns im Be - ten mäch - tig.
5. Weis-heit, Gnad' und Se - - gen!

Dr Barth.

69.

Mel. Shirland. S. M.

1. Komm, Geist, vom Thron her = = ab! Hauch
2. Ach komm', er = füll' uns ganz Mit
3. Herr, du bist lau = = ter Licht, Sei
4. Dann sei'st du hoch = = ge = = preis't, Dann
1. Got = tes weh' uns an! Die trä = gen
2. dei = ner Herr = lich = keit, Mit Licht, mit
3. du auch Licht in uns, Daß wir uns
4. wer = de dir der Dank, Gott Va = ter
1. Her = zen heu = te lab', Daß
2. Trost, mit Him = mels = glanz, So
3. schau = en im Ge = sicht, Wie
4. Sohn und heil' = ger Geist Im
1. man dich prei = sen kann.
2. sind wir hoch er = freut.
3. arm wir sind in uns.
4. höch = sten Lob = ge = sang.

Dr. Schneck.

XIX. Von der Kirche Gottes.

1. Von der Kirche im Allgemeinen.

70.

Mel. Jauchzet dem Herrn all' auf Erden.

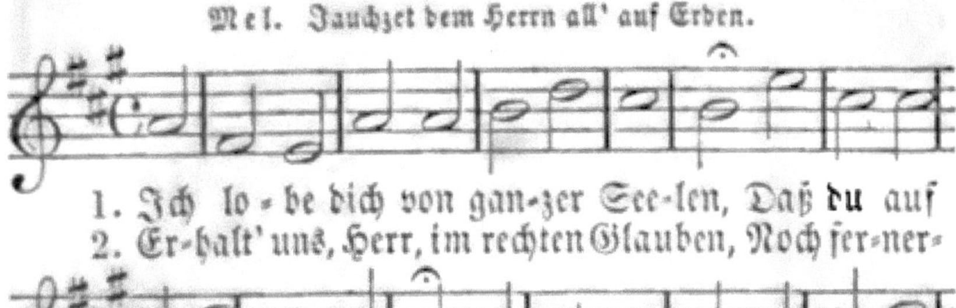

1. Ich lo = be dich von gan=zer See=len, Daß du auf
2. Er=halt' uns, Herr, im rechten Glauben, Noch fer=ner=

1. die=sem Er=den=kreis Dir wol = len ei = ne Kir = che
2. hin bis an das End', Ach laß uns nicht die Schätze

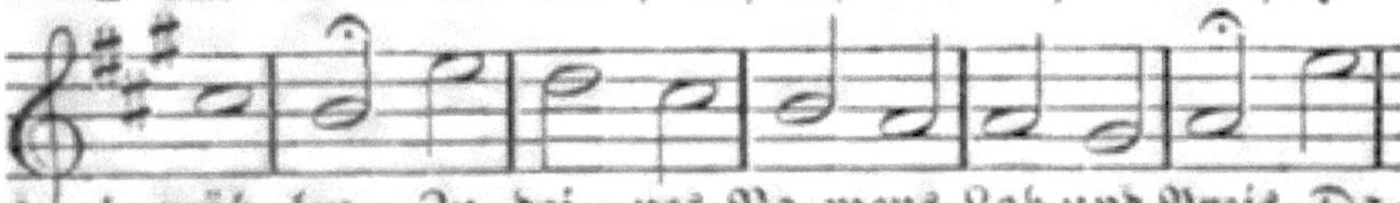

1. wäh = len, Zu dei = nes Na=mens Lob und Preis, Da=
2. rau=ben, Dein hei = lig Wort und Sa=kra=ment. Er=

1. rin = nen sich viel Menschen fin = den In ei = ner
2. füll' die Her = zen dei = ner Chri=sten Mit Gna=de,

1. hei = li = gen Ge=mein, Die da von al = len ih = ren
2. Se=gen, Fried' u. Freud', Wollst sie durch Bruderlieb' aus=

1. Sün=den durch Chri = sti Blut ge = wa=schen sein.
2. rü = sten, Zur un = ge = färb = ten Ei = nig = keit.

Grosser.

71.

Mel. Wie schön leucht't uns der Morgenstern.

1. Kommt her, ihr Chri-sten vol-ler Freud', Er-
Die Stimm' des Dan-kes un-serm Gott, Laßt
2. Er-halt' dein Wort und Sa-kra-ment, Ver-
Wo kei-nes Tem-pels nö-thig ist, Wo
1. zäh-let Got-tes Freundlichkeit, Kommt her und
uns dem Her-ren Ze-ba-oth Mit fro-hem
2. leih' zu-letzt ein se-lig End', Und laß uns
du in al-lem Al-les bist, Wo e-wig
1. laßt er-klin-gen
Mun-de sin-gen.
Sin-get, Brin-get,
2. da-hin kom-men,
al-le From-men,
Sin-gen, Brin-gen,
1. Schö-ne Wei-sen, Laßt uns prei-sen Got-tes
2. Schö-ne Wei-sen Und dich prei-sen Um die
1. Ga-ben, Die wir zu ge-nie-ßen ha-ben.
2. Ga-ben, Die sie zu ge-nie-ßen ha-ben.

Rheinische Tradition.

2. Vom Predigtamte.

72.

Eigene Melodie.

1. Ruft ge - trost ihr Wächterstimmen, Ruft ge-trost und
2. Wahr-lich Stei-ne müß-ten re-den, Wenn der Mund der
3. Da - rum auf, ihr Kin-der Got-tes, Bit - tet um E-

1. scho - net nicht; Chri-stus will ein Zeug-niß ha - ben,
2. Prie-ster schweigt; Ja, die Fel-sen die - ser Er - den
3. li - as Geist; Wollt ihr euch nach Chri-sto nen-nen,

1. Wenn's die Pre - di - ger ver - gra - ben Ach das ist ein
2. Müß - ten lau - ter Zeugniß werden Wenn kein Mensch von
3. So müßt ihr ihn frei be - ken - nen, Daß sein Na-me

1. groß Ge-richt. Ruft ge - trost ihr Wäch-ter-stim-men,
2. Chri-sto zeugt. Wahrlich Stei - ne müß-ten re-den,
3. werd' ge-preis't. Da-rum auf, ihr Kin-der Got-tes,

1. Ru - fet laut und scho - net nicht.
2. Wenn der Mund der Priester schweigt.
3. Bit - tet um E - li - as Geist.

Goßner's Sammlung.

3. Von der Mission.

73.

Eigene Melodie.

1. Fah-re fort, Fah-re fort! Zi-on fah-re
2. Hal-te aus, Hal-te aus! Zi-on hal-te
1. fort im Licht! Ma-che dei-nen Leuch-ter hel-le,
2. dei-ne Treu', Laß dich ja nicht lau-lich fin-den!
1. Laß die er-ste Lie-be nicht! Su-che stets die
2. Auf! das Klei-nod rückt her-bei; Auf! ver-las-se
1. Le-bens-quel-le! Zi-on, drin-ge durch die en-ge
2. was da-hin-ten. Zi-on, in dem letz-ten Kampf und
1. Pfort', Fah-re fort, Fah-re fort!
2. Strauß, Hal-te aus, Hal-te aus!

J. E. Schmidt.

74.

Eigene Melodie.

1. Von Grön-land's Eis - ge - - sta - den Von
2. Mag schon mit sanf - ten Win - den Das
3. Ge - seg - net wir mit Hir - ten, Und
4. Weht, weht ihr Win - de, ei - let! Ihr

1. In-dien's Per - len - Strand, Von Pe - ru's
2. Thal ge - seg - net sein; So lang' im
3. Got - tes Un - ter - - richt; Wir soll - ten
4. Mee - res - wo - gen - rollt! Bis Je - su

1. gold'-nen Pfa - den Im hei - ßen Mit - tags-
2. Schlamm der Sün-den Der ar - me Mensch muß
3. den Ver - irr - ten Ver - sa - gen Got - tes
4. Wort er - thei - let Ist je - dem Hei - den-

1. land, Von weit - ent - leg' - nen Strö - men Und
2. sein; Um - sonst sind Got - tes Ga - ben Mit
3. Licht? Er - lö - sung, o Er - lö - sung! Den
4. volk, Und der Mes - si - as wer - de Er-

1. palm - be - zweig - ter Flur, Er - tönt der
2. mil - der Hand ge - streut; Die Hei - den
3. sü - ßen Schall macht kund, Bis gei - sti-
4. kannt das Heil der Welt, Als Hir - te

1. Ruf: „Ach kä - men Die Bo - ten Je - su nur.“
2. sind be - gra - ben In Nacht und Dun - kel - heit.
3. ge Ge - ne - sung Er - füll' der Er - de Rund'!
4. sei - ner Heer - de, Die er sich aus - er - wählt.

Aus dem Englischen von Dr. Schneck.

75.

Mel. O Gott, der du ein Heerfürst bist.

1. Das gro - ße Hall - jahr bricht her - ein, Schon
2. Nicht län - ger mehr, du arm Ge-schlecht, Sollst
3. O du, Gott A - men, Ja - kob's Fels, Ge-

1. gebt der Hei - den Fül - le ein, Im Tod - ten-
2. oh - ne O - pfer, Licht und Recht Du so in
3. den - ke dei - nes Is - ra - els, Bring's bald zu

1. fel - de hört man's rau-schen. Nun wirst du
2. frem-den Lan - den bau - sen. Die Stun - de
3. Zi - on's Frie - dens - hü - geln! Auf, samml' es

1. Sa - me Ja - kob's, auch Nicht län-ger mehr im
2. dei - ner Hül - fe schlug; In Se - gen wan - delt
3. um dein Kreuz - pa - nier, Sei sei - ne Zu - flucht

1. Sturm und Rauch Den Flü-chen E - - bals müs - sen
2. sich der Fluch, Das Meer der Lie - be ist am
3. für und für, Und trag's, wie einst, auf Ad - lers-

1. lau - schen. Der Grimm des Herrn hat sich ge-
2. brau-sen. Wach' auf in dei - ner To - des-
3. flü - geln! O gib, so wird dein Treu-sein

1. wandt, Und sein Er - bar - men ist ent - brannt.
2. Nacht, Dein Jo - sua hat sich auf - ge - macht.
3. kund, Das neu - e Lied in Ja-kob's Mund.

Dr. Fr. W. Krummacher.

76.

Mel. Valet will ich dir geben.

1. Du Stern in al - len Näch - ten, Du
Du Mann zu Got - tes Rech - ten, Im
2. Wer soll die Ru - der schla - gen Wohl
Wer dei - ne Fah - nen tra - gen In's
1. Schild in je - dem Streit,
pur - pur - farb' - nen Kleid;
2. ü - ber's brei - te Meer?
blin - de Hei - den - heer?
Ver - laß die
Zeig's an wen
1. ew' - ge Hüt - te Und dei - ner En - gel
2. du er - ko - ren! Greif' in die Schaar hin-
1. Reih'n, Und trag' in uns' - re Mit - -
2. ein! Wir ha - ben's All' ge - schwo - -
1. te Heut' dei - nen Stuhl hin - ein!
2. ren: Dein sind wir, e - wig dein!

Dr. Fr. W. Krummacher.

77.

Mel. Windham. L. M.

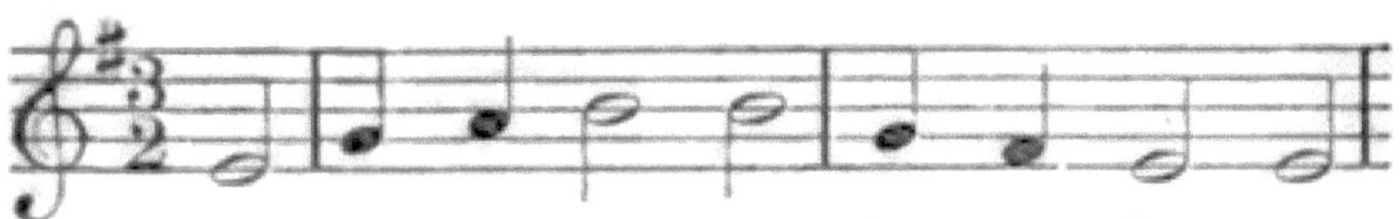

1. O Gott, wie man - ches Hei - den - kind Kniet
2. Wie vie - le wirft der har - te Sinn Der
3. Und wir geh'n fröh - lich ein und aus In
4. D'rum bringt, o Gott, dir uns' - re Schaar Mit

1. vor den Gö - tzen taub und blind! Wie
2. El - tern selbst den Thie - ren hin! Wie
3. Kir - che, Schul' und El - tern - haus; Man
4. Freu - den jetzt ein Lob - lied dar, Und

1. man - ches wohnt mit Angst - ge - schrei Dem
2. man - ches Kind - lein wird noch jetzt Am
3. nimmt auf Al - - les treu Be - dacht, Was
4. fleht: Laß doch die Kin - der - lein Der

1. Feu - er - tod der Mut - ter bei!
2. U - fer grau - sam aus - ge - setzt!
3. uns ver - gnügt und se - lig macht.
4. Hei - den auch so glück - lich sein!

Unbekannt.

78.

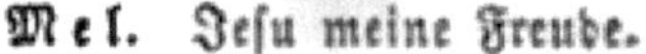
Mel. Jesu meine Freude.

1. Hei - land, ach er = we = cke, Nimm die
Sag' dem gan = zen Hee = re, Daß es
2. O die sel' = gen Zei = ten! Wel = che
Wenn aus der Zer = streu = ung, Dein Volk

1. Mo - sis = de = cke Von den Ju = den
sich be = keh = re Zu dem Le = bens-
2. Herr = lich = kei = ten Wird man als = dann
zur Be = frei = ung Wird nach Hau = se

1. fort; / wort. } Him = mels=wirth, Du gu = ter Hirt,
2. seh'n! / geh'n. } Ach! es ist, Herr Je = sus Christ,

1. Su = che das Ver = lor' = ne wie = der,
2. Solch ein Wun = der längst ver = hei = ßen,

1. Kom = me bald her = nie = der.
2. Laß es sich bald wei = sen.

Unbekannt.

79.

Mel. Was mein Gott will gescheh' all'zeit.

1. So rei - set denn ihr Brü - der, reis't Zu
Und sucht sie, weil's der Hei - land heißt, Bei
2. Das Lamm, das uns er - kau - fet hat, Das
Es steh' euch im - mer, früh' und spat, Mit

1. den ver - irr - ten Hei - den,
sei - nem Kreuz zu wei - den.
} Er geht vor-
2. wel - le euch be - glei - ten!
Gna-de an der Sei - ten.
} Und geb' euch

1. an, der gu - te Hirt, Und macht euch Bahn und
2. ein recht se - lig Herz, Ver-gnügt in sei - ner

1. Ste - ge! Was euch dar - an zur Hind'-rung
2. Lie - be, So daß euch Mü - he, Noth und

1. wird, Das räumt er aus dem We - ge.
2. Schmerz, Nicht stö - re noch be - trü - be.

D. Nitsch.

80.

Mel. Zeuch mich, zeuch mich mit den Armen.
1. Sie ist da, die schö = ne Stun = de,
Was auf die = sem Er = den = run = de
2. Sind wir gleich noch schwa = che Kin = der,
Je = su! du nimmst an die Sün = der,
3. Rü = ste dei = nes Rei = ches Bo = ten,
Le = bens = kräf = te gib den Tod = ten,
1. Wel = che zum Ge = bet ver = eint,
Nach dem Rei = che Got = tes weint.
2. Dei = ne Gna = de macht uns Muth,
Die im Glau = ben an dein Blut
3. Herr, mit neu = er Gna = de aus;
Wei = he neu = er = dings dein Haus.
Möch = test,
Dei = nem
Dich in
1. Herr, du uns er = hö = ren, Uns' = re
2. Thron ge = = beugt sich na = hen, Um Ver=
3. Wahr=heit an = zu = be = ten, Laß uns
1. Bit = = ten uns ge = wäh = ren.
2. ge = = bung zu em = pfa = hen.
3. dei = = nen Geist ver = tre = ten.
Krummacher's Zionsharfe.

81.

Mel. Nun ruhen alle Wälder.

1. Kommt Schwe-stern, kom - met Brü - der, Und
2. Tritt un - ter dei - ne Fü - ße Das
3. Stärk', Hei - land, dei - ne Knech - te, Zu
1. fallt in De - muth nie - der Vor un - sers
2. Reich der Fin - ster - nis - se! Dein E - van-
3. för - dern dei - ne Rech - te, Zu käm - pfen
1. Kö - nigs Thron! Gib, Je - su, daß die Er-
2. ge - li - um Durch-dring' der Hei - den Her-
3. mit Ge - duld, Gib al - len Muth und Kräf-
1. de, Dein Ei - gen - thum bald wer - de! Nimm
2. zen Zum Loh - ne dei - ner Schmer-zen, Laß
3. te, Zum gro - ßen Heils - ge - schäf - te, Und
1. sie als dei - nen Schmer-zens-lohn.
2. sie er - ken - nen dei - nen Ruhm.
3. la - be sie mit dei - ner Huld.

Goßner's Sammlung.

82.

Mel. Lenox.

1. In fro-hem Ju-bel-ton Er-hebt sich himmel-
2. Dein Wort: „Es werde Licht!“ Hört je-der Hei-den-
3. Dort weiß der Hot-ten-tott Von dei-nes Blu-tes
4. In Chi-na land't „der Fuß Der Bo-ten lieb-lich
5. Schon preis't der Hin-du Dich Am gro-ßen Gan-ges-
6. Den In-seln in dem Meer Nah't sich Er-lö-sung
7. „Der Wolf beim Lamme wohnt, Beim Schaf der Parder
8. Es „treibt ein klei-ner Knab' Die Käl-ber, Lö-wen,
9. „Wo Schlangen sonst ge-nist't, Wächst Schilf u. Rohr u.
10. „Der Säugling hat nun Lust Selbst an der Ot-ter
11. „Es steckt im Hei-den-land, Wo Ba-si-lis-ken
12. Eilt, eilt ihr Bo-ten, eilt Zu Hei-den-völ-kern
13. Bald ist die gan-ze Schaar Der Aus-er-wähl-ten

1. wärts Zu Dir, o Got-tes Sohn Jetzt un-ser kind-lich's
2. stamm; Durch Nacht u. Nebel bricht Dein Glanz, o Gottes
3. Kraft, Das ihn er-lös't vom Tod, Und Wun-der in ihm
4. an, Des Him-mels Friedensgruß Verkündend Je-der-
5. Strom, Sein Herz recht inniglich Er-hebt der Gna-de
6. schon; Sie kommen wie ein Heer Vor Dei-nen Gna-den-
7. liegt:“ Den, der des Schaf's nicht schont, Hat deine Gnad' be-
8. Vieh“ Mit sei-nem Hir-ten-stab Zur Weid' mit leich-ter
9. Heu:“ Wo Dei-ne Gna-de ist, Da macht sie Al-les
10. Loch:“ Dein Schutz ist ihm bewußt, Was könnt' ihm schaden
11. sind, In ih-re Höhl' die Hand Auch das ent-wöhn-te
12. fort, Des Lammes Segen theilt—Theilt mit an je-dem
13. voll; Bald kommt das Jubeljahr, Das e-wig wäh-ren

1. Herz; Das gro - ße Hall-jahr ist nicht fern, Das
2. Lamm! Das große Halljahr ꝛc. (wird bei jedem Vers wiederholt.)
3. schafft.
4. mann.
5. Ruhm.
6. thron.
7. siegt.
8. Müh'.
9. neu.
10. noch?
11. Kind."
12. Ort.
13. soll.
gro - ße Hall-jahr ist nicht fern, Die Völ- ker keh - ren
heim zum Herrn.

J. C. Guldin.

4. Schulwesen der Kirche.

a) Schule im Allgemeinen.

83.

Mel. Lobt Gott ihr Christen.

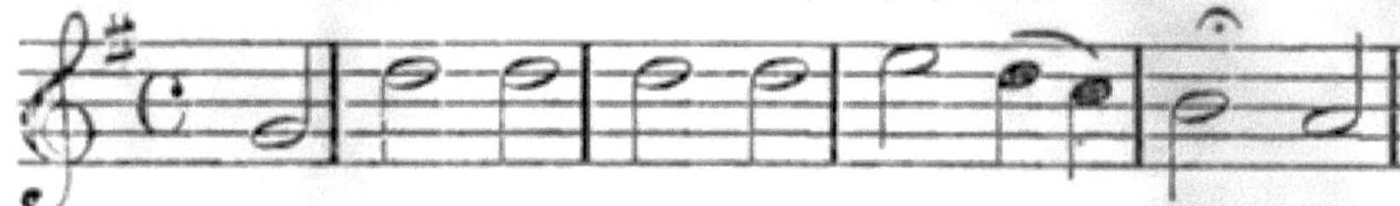

1. Herr, un = ser Gott, dich lo = ben wir, Mit
2. Du läs = sest gu = te Schu = len blüh'n, Zum
3. Laß uns're Schu = le fer = ner = hin Der
4. Be = glü = cke uns' = re O = brig = keit, Be=

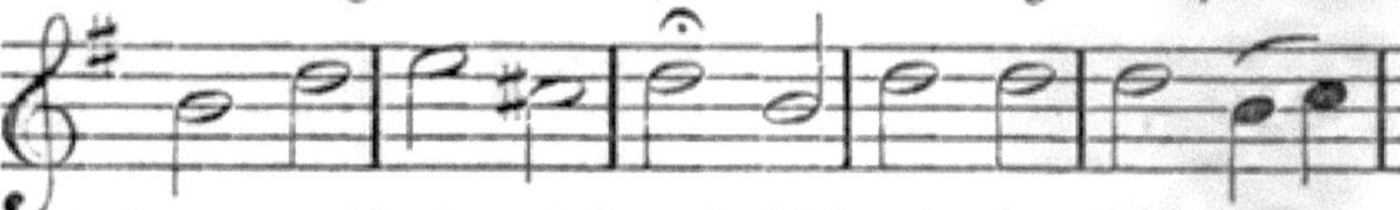

1. lau = tem Preis und Dank! Lieb=rei = cher Gott, wir
2. Glück für Welt und Staat; Läßt jun = ge Men=schen
3. Weis=heit Tem = pel sein. Laß Got = tes = furcht und
4. loh'n der Leh = rer Treu', Gib, daß noch in der

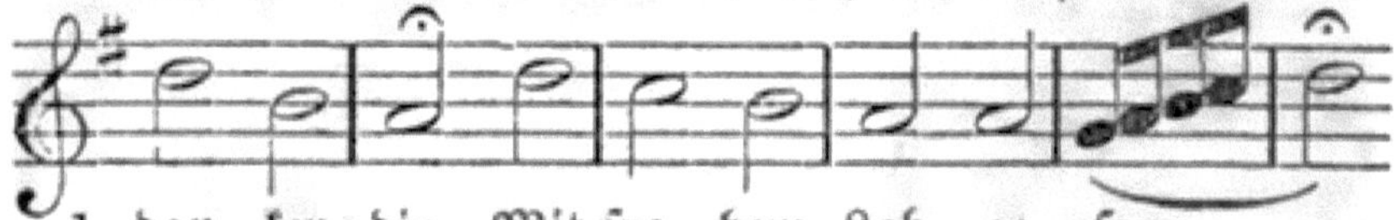

1. dan = ken dir Mit fro = hem Lob = ge = sang
2. da er=zieh'n, Führst sie der Tu = gend Pfad
3. from=men Sinn Ihr Ruhm bei al = len sein
4. E = wig = keit Die Schul = zeit uns er = freu'

1. Mit fro = hem Lob = ge = sang.
2. Führst sie der Tu = gend Pfad.
3. Ihr Ruhm bei al = len sein.
4. Die Schul = zeit uns er = freu'.

Unbekannt.

b) Oeffnung der Schule.

84.

Mel. Nun ruhen alle Wälder.

1. Kommt Kin - der an - zu - be - ten! Laßt
2. Es man - gelt uns' - rer Ju - gend An
3. Lehr' uns den Hei - land ken - nen; Gib,
4. Präg' al - le heil' - gen Leh - ren, Die
1. uns zum Va - ter tre - ten, Der al - ler
2. Weis-heit und an Tu - gend, Wir ken - nen
3. daß, wenn wir ihn nen - nen, Sich un - ser
4. wir vom Leh - rer hö - ren, Tief in die
1. Va - ter heißt. Er ist's, der uns das Le-
2. Je - sum nicht. Er - leucht' uns dir zum Prei-
3. Herz er - freut! Hilf, daß wir an ihn glau-
4. Her - zen ein; Gib, daß wir sie zum Se-
1. ben Und sei - nen Sohn ge - ge - ben; Er
2. se! Herr, mach' uns klug und wei - se, Durch
3. ben Und ihm ge - hor - sam blei - ben; Mach'
4. gen Be - hal - ten und er - wä - gen; Laß
1. schenk' uns auch den heil' - gen Geist.
2. dei - nes gu - ten Gei - stes Licht.
3. un - ser Herz ihm recht ge - treu.
4. uns des Wor - tes Thä - ter sein.

85.

Mel. Lasset uns traulich loben.

1. Sin - get und be - tet, ihr Kin - - der!
2. Im - mer noch ist es sein Wil - - le,
3. Rich - tet das Herz ihm ent - ge - - gen,
4. Er hat uns al - le er - wäh - - let,
5. Las - set sein Wort uns nun hö - - ren,

1. Uns liebt der Hei - land nicht min - der,
2. Daß man die Wor - te er - fül - le:
3. Bit - tet ihn treu - lich um Se - gen!
4. Uns zu den Sei' - nen ge - zäh - let;
5. Laßt uns ihn treu - lich ver - eh - ren!

1. Als je - ne Klei - nen, die er zu sich nahm.
2. Las - set die Kin - der - lein kom - men zu mir!
3. Er will auch heu - te noch un - ter uns sein.
4. Uns auch ge - hö - ret sein herr - li - ches Reich.
5. Seg - ne, o Je - su, das Ler - nen uns heut'!

1. Als je - ne Klei - nen, die er zu sich nahm.
2. Las - set die Kin - der - lein kom - men zu mir!
3. Er will auch heu - te noch un - ter uns sein.
4. Uns auch ge - hö - ret sein herr - li - ches Reich.
5. Seg - ne, o Je - su, das Ler - nen uns heut'!

Unbekannt.

86.

Mel. Wachet auf, ruft uns die Stimme.

1. Je - su, hö - re dei - ne Klei - nen, Wann
Laß dir un - s'r kind - lich Lal - len, O
2. O du Licht vom ew' - gen Lich - te, Lehr'
Laß uns dei - ne Schäf - lein blei - ben, Im
1. sie sich froh vor dir ver - ei - nen Zum
lie - ber Hei - land! wohl - ge - fal - len, Und
2. uns vor dei - nem An - ge - sich - te Hin-
Geist der Kind - schaft Al - les trei - ben Sei
1. mor - gend - li - chen Lob - - ge - sang;
gib ihm ei - nen rei - - nen Klang,
Da-
2. geh'n mit sanf - tem Kin - der - sinn;
uns der lieb - lich - ste Ge - winn.
Wir
1. mit dich Mund und Herz, Für dei - nen To - desschmerz,
2. wol - len e - wig dein Nur dir zur Freu - de sein.
1. In - nig prei - se Und un - be - wußt Der Er - den-
2. Lie - be so - gar Uns all - zu - mal Im Er - den-

1. luſt Sich ſchmieg an dein = ne treu = e Bruſt.
2. thal Und dort in dei = nem Him = mels = ſaal.

A. Knapp.

87.

Mel. Rochester. C. M.

1. O Herr, ver = ſam = melt ſind wir hier, Wie
2. O gib uns, wie der Ly = di = a, Ein
3. Wir wol = len hö = ren, re = de du Durch
4. Ach bleib' bei uns, Herr Je = ſu Chriſt, In

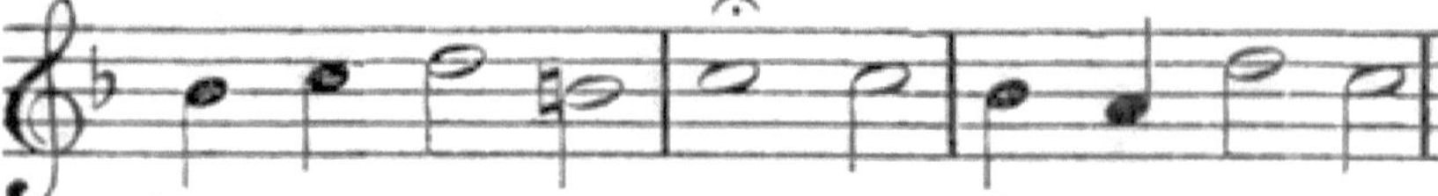

1. Kin = der um ein Licht, Zu hö = ren was dein
2. off' = nes Herz und Ohr, Und ſei du bei uns
3. dei = nes Mun = des Laut! Du ſchlie = ßeſt dem dein
4. die = ſer A = bend = zeit, Und bis es heit' = rer

1. Wort von dir Zu un = ſern Her = zen ſpricht.
2. ſel = ber da; Dring' durch's ver = ſchloſſ' = ne Thor.
3. Wort nicht zu, Der ger = ne ſich er = baut.
4. Mor = gen iſt In ſel' = ger E = wig = keit.

Chr. Heinr. Zeller, Inſpektor in Bauggen.

88.

Eigene Melodie.

1. Für dies munt' - re jun - ge Le - ben
2. Bli - cke freund-lich auf uns nie - der,
3. Gott, du bist in uns' - rer Mit - te;
1. Dan - ken wir, Va - ter dir, Der du's uns ge-
2. Die wir dein Hier uns freu'n, Hö - re uns' - re
3. Fern und nah' Bist du da, Hö - re uns' - re
1. ge - ben. Laß uns rasch mit hei - tern Sin - nen,
2. Lie - der! Gib zum Ler - nen Lust und Kräf - te!
3. Bit - te; Gib uns Kraft, nach Je - su Leh - ren
1. Nach der Ruh', Va - ter du, Un - ser Werk be-
2. Nur von dir Hof - fen wir Se - gen zum Ge-
3. Her - zens - rein, Fromm zu sein, Va - ter, dich zu
1. gin - - nen!
2. schäf - - te.
3. eh - - - ren!

Unbekannt.

89.

Mel. Ortonville. C. M.

1. Zum neu - en Flei - ße ruft auf's Neu' Der
2. Hebt eu - re Her - zen ihm zum Dank Ihr
3. Des heil'-gen Gei - stes Werk - statt soll Auch

1. Mor - gen uns hie - her; Und Got - tes ew' - ge
2. Kin - der, him - mel - an, Und fangt mit fro-hem
3. uns' - re Schu - le sein. Wir weih'n sie da - zu

1. Va - ter - treu' Macht un-sern Fleiß nicht schwer, Macht
2. Lob - ge - sang Den neu - en Tag jetzt an! Den
3. dan - kes - voll Auf's neu - e heu - te ein. Auf's

1. un - sern Fleiß nicht schwer.
2. neu - en Tag jetzt an!
3. neu - e heu - te ein.

Unbekannt.

c) Morgenlieder.

90.

Mel. Aus meines Herzensgrunde.

1. Will - kom - men schö - ner Mor - gen Nach
Wie war ich so ge - bor - - gen In
2. Wo - hin ich im - mer bli - - cke, Lacht
Nie darf mit sei - ner Tü - - cke Der
3. Was mich vom frü - hen Mor - gen Bis
Des Mut - ter - her - zens Sor - gen, Die

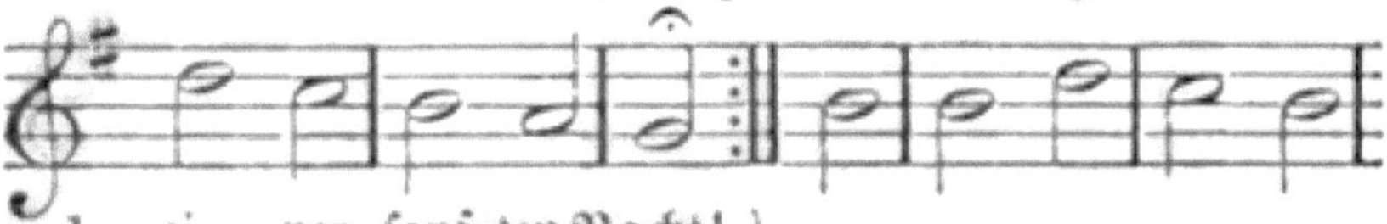

1. ei - ner sanf-ten Nacht! / mei - nes Hir-ten Wacht! } Wie süß hab' ich ge-
2. sei - ne Huld mich an. / bö - se Feind mir nah'n. } In mei - nes Hir - ten
3. in die Nacht um - gibt, / Lie - be die mich liebt, } Und, was vor al - lem

1. ruht! Wie kann ich's ihm ver - dan - ken Was er mit
2. Arm Lieg' ich in sich' - rem Schla - fe; Er bet - tet
3. süß, Sein Wort, das mich be - leh - ret, Mit Him - mels-

1. Lieb's - ge - dan - - ken An sei - nem Kin - de thut!
2. sei - nem Scha - - fe An sei - nem Her - zen warm.
3. kost mich näh - - ret — Von ihm kommt al - les dieß.

Unbekannt.

91.

Mel. Kommt her zu mir, spricht Gottes Sohn.

1. Wohl = an! ein neu = er Tag bricht an, Gott-
2. Wie ger = ne wär' ich doch bei dir, Wo's
3. Mach' mich zu ei - nem from - men Kind, Und
4. O seg' - ne mich auch die - sen Tag, Daß

1. lob, daß ich noch prei-sen kann Den Schö = pfer
2. noch viel schö = ner ist als hier, In dei = nem
3. laß bei dei - nem Haus - ge - sind' Mich auch als
4. mir die Ar - beit Schlag auf Schlag Recht mög' von

1. der Ge-schlech-ter! Du nahmst mich auch in die = ser
2. Him-mels-gar-ten! Al = lein ich ha = be noch so
3. Die - ner ste - hen. Ich möch - te dei - nen Wil - len
4. Stat - ten ge - hen. Dann seh' ich mit er - freu - ten

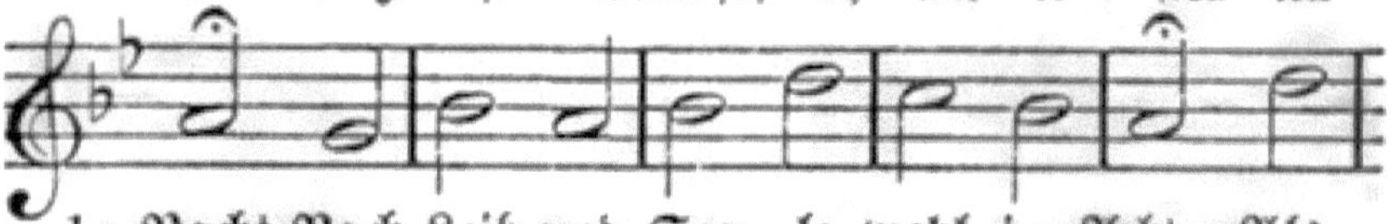

1. Nacht Nach Leib und See = le wohl in Acht, Als
2. viel Zu ler = nen für mein ew'-ges Ziel: Drum
3. thun, Und in der Ar - beit wie beim ruh'n Auf
4. Blick Am A - bend auf den Tag zu - rück. So

1. ein ge = treu = er Wäch = ter.
2. will ich gern auch war = ten.
3. dei - nen Wink nur se - hen.
4. laß es, Herr, ge - sche - hen!

Dr. Barth.

92.

Eigene Melodie.

1. Mor - gen - glanz der E - wig - keit, Licht vom
Schick' uns die - se Mor - gen - zeit Dei - ne
2. Die be - wölk - te Fin - ster - niß Müs - se
Die durch A-dam's A - pfel - biß Ue - ber
3. Dei - ner Gü - te Mor - gen - thau Fall' auf
Laß die dür - re Le - bens - au' Lau - ter
4. Leucht' uns selbst in je - ne Welt, Du ver-
Führ' uns durch das Thrä - nen - feld In das

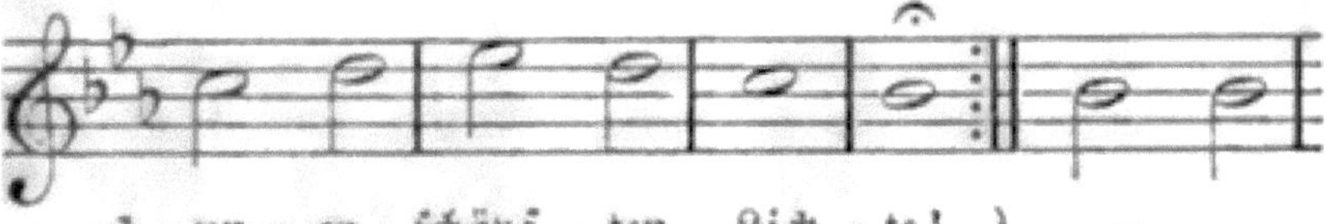

1. un - er - schöpf - ten Lich - te! Strah - len zu Ge - sich - te, } Und ver-
2. dei - nem Glanz ent - flie - hen, uns sich muß - te zie - hen, } Daß wir,
3. un - ser matt Ge - wis - sen, sü - ßen Trost ge - nie - ßen, } Und er-
4. klär - te Gna - den - son - ne! Land der sü - ßen Won - ne, } Da die

1. treib' durch dei - ne Macht Uns' - re Nacht.
2. Herr, durch dei - nen Schein Se - lig sein.
3. quick uns, dei - ne Schaar, Im - mer - dar.
4. Lust, die uns er - höht, Nie ver - geht.

von Rosenroth.

93.

Mel. Halleluja Gott zu loben. (Ps. 146.)

1. Gott des Him - mels und der Er - den,
Der es Tag und Nacht läßt wer - den,
2. Gott ich dan - ke dir von Her - zen,
Vor Ge - fahr, Angst, Noth und Schmer - zen
3. Laß die Nacht auch mei - ner Sün - den,
O, Herr Je - su, laß mich fin - den
1. Va - ter, Sohn und heil' - ger Geist;
Sonn' und Mond uns schei - nen heißt,
2. Daß du mich in die - ser Nacht
Hast be - hü - tet und be - wacht,
3. Jetzt mit die - ser Nacht ver - geh'n:
Dei - ne Wun - den of - fen steh'n,
1. Des - sen star - ke Hand die Welt Und was
2. Daß des bö - - sen Fein - des List Mein nicht
3. Da al - lei - ne Hülf und Rath Ist für
1. drin - nen ist er - hält.
2. mäch - tig wor - den ist.
3. mei - ne Mis - se - that.

H. Albert.

94.

Eigene Melodie.

1. Wach' auf mein Herz und sin - ge Dem
2. Heunt', als die dunk'-len Schat - ten Mich
3. So willst du nun vol - len - den Dein
4. Sprich ja zu mei - nen Tha - ten, Hilf
5. Den Se - gen auf mich schüt - te, Mein
1. Schö-pfer al - ler Din - ge, Dem Ge - ber
2. ganz um - ge - ben hat - ten, Be - deck - test
3. Werk an mir und sen - den, Der mich an
4. selbst das Be - ste ra - then; Den An - fang,
5. Herz sei dei - ne Hüt - te, Dein Wort sei
1. al - ler Gü - ter, Dem treu - en Men - schen-
2. du mich Ar - men Mit gött - li - chem Er-
3. die - sem Ta - ge Auf sei - nen Hän - den
4. Mit - te, En - de, Ach Herr zum Be - sten
5. mei - ne Spei - se, Bis ich gen Him - mel
1. hü - ter.
2. bar - men.
3. tra - ge.
4. wen - de.
5. rei - se.

Paul Gerhardt.

95.

Mel. Nun danket alle Gott.

1. O Je - su, sü - ßes Licht! Nun ist die
Nun hat dein Gna - den - glanz Auf's Neu - e
2. Was soll ich dir denn nun, Mein Gott, zum
Ich will mich ganz und gar In dei - ne
3. D'rum sie - he da mein Gott, Da hast du
Sie sei dein Ei - gen - thum, Daß sie nur

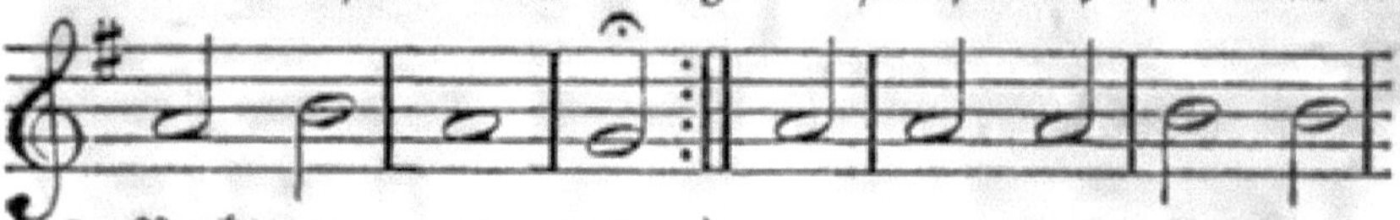

1. Nacht ver - gan - gen;
mich um - fan - gen;
Nun ist was an mir
2. O - pfer schen - ken?
Gna - de sen - ken,
Mit Leib und Seel' und
3. mei - ne See - le!
dich er - wäh - le
In dei - ner Lie - be

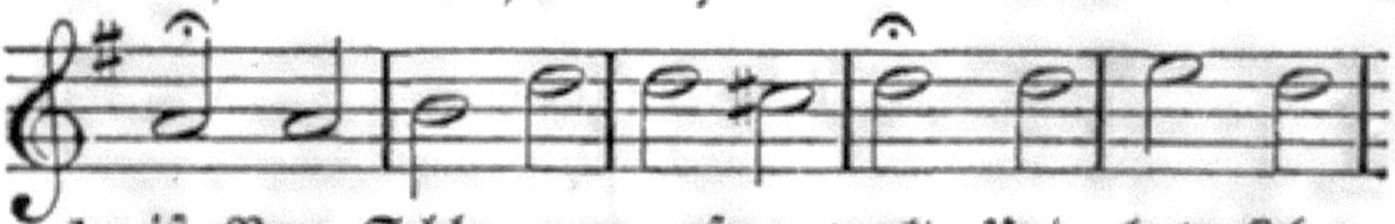

1. ist Vom Schlummer auf-ge - weckt, Und hat sich,
2. Geist An die - sem gan - zen Tag; Das soll mein
3. Kraft; Da hast du mei - nen Geist, Da - rin - nen

1. Herr, nach dir Ver - lan - gend aus - ge-streckt.
2. O - pfer sein, Weil ich sonst nichts ver - mag.
3. wollst du dich Ver - klä - ren al - ler - meist.

Dr. Joachim Lange.

d. Schluß der Schule.

96.

Mel. Nun ruhen alle Wälder.

1. Nun sind die schö - nen Stun - den Des
2. Präg' al - - le heil' - gen Leh - ren, Die
1. Un - ter - richts ver - schwun-den, Der Geist ist
2. un - ser Glück ver - meh - ren, Tief un - sern
1. neu be - lehrt. Mit fro - her See - le brin-
2. Her - zen ein; Laß sie uns oft er - wä-
1. gen Wir un - sern Dank und sin - gen Dir,
2. gen, So wer - den sie uns Se - gen Und
1. Gott, der uns' - re Kennt - niß mehrt.
2. Trost in un - serm Le - ben sein.

Unbekannt.

97.

Mel. Liebster Jesu, wir sind hier.

1. Un - sern Aus - gang seg - - ne Gott,
Seg - ne un - ser täg - lich Brod,

2. Gib uns, eh' wir gehn nach Haus,
Brei - te dei - ne Hän - de aus,

1. Un - sern Ein - gang glei - cher - ma - ßen, }
Seg - ne un - ser Thun und Las - sen, }

2. Dei - nen vä - ter - li - chen Se - gen, }
Lei - te uns auf dei - nen We - gen, }

1. Seg - ne uns mit sel'-gem Ster - ben Und mach'

2. Laß uns hier im Se - gen ge - hen, Dort ge-

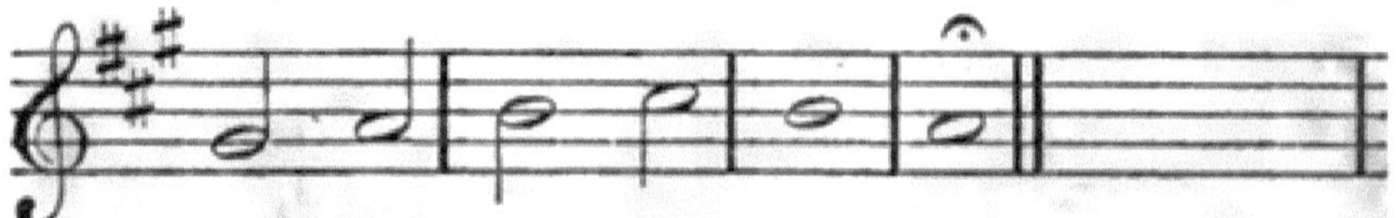

1. uns zu Him - mels - er - ben.

2. seg - net auf - er - ste - hen.

H. Schenk.

98.

Mel. Nun danket alle Gott.

1. Nimm, Va - ter, un - sern Dank Für al - le
Die wir so un - ver - dient Auch heut' em-

2. Auch heu - te konn - ten wir So man - che
Ver - eint mit fro - hem Geist, In die - ser

1. dei - ne Ga - ben,
pfan - gen ha - ben. } Wie groß ist dei - ne

2. gu - te Leh - ren,
Schu - le hö - ren. } Doch blo - ßes Wis - sen

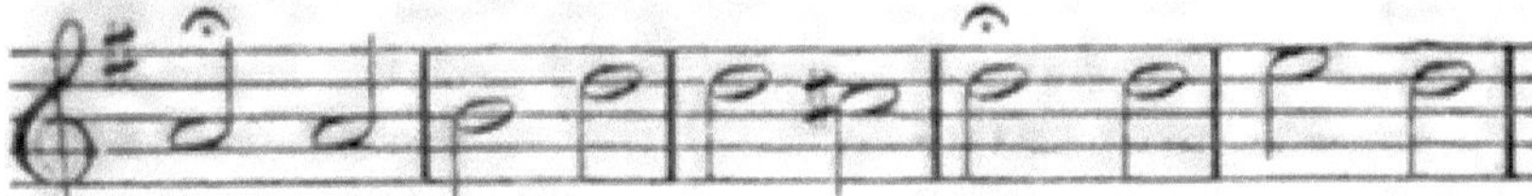

1. Huld, Die al - len Gu - tes gibt! Von Kind - heit
2. kann Den Geist noch nicht er - freu'n; Wer das Ge-

1. an hast du Uns vä - ter - lich ge - liebt.
2. lern - te übt, Nur der kann fröh - lich sein.

Unbekannt.

99.

Mel. Christus der ist mein Leben.

1. Ach bleib' mit dei - ner Gna - - de Bei
2. Ach bleib' mit dei - nem Wor - - te Bei
3. Ach bleib' mit dei - nem Glan - - ze Bei
4. Ach bleib' mit dei - nem Se - - gen Bei
5. Ach bleib' mit dei - nem Schu - tze Bei
6. Ach bleib' mit dei - ner Treu - e Bei

1. uns, Herr Je - su Christ! Daß uns hin - fort nicht
2. uns, Er - lö - ser werth! Daß uns beid' hier und
3. uns, du wer - thes Licht! Dein' Wahrheit uns um-
4. uns, du rei - cher Herr! Dein' Gnad' und all's Ver-
5. uns, du star - ker Held! Daß uns der Feind nicht
6. uns, mein Herr und Gott! Be - stän - dig - keit ver-

1. scha - de Des bö - sen Fein - des List.
2. dor - te Sei Güt' und Heil be - schert.
3. schan - ze, Da - mit wir ir - ren nicht.
4. mö - gen In uns reich - lich ver - mehr'!
5. tru - tze, Noch fäll' die bö - se Welt.
6. lei - he, Hilf uns aus al - ler Noth!

Dr. Josua Steegmann.

100.

Mel. Coronation.

1. Die Gna-de sei mit al-len, Die Gna-de un-sers
2. Auf dem so schmalen Pfa-de Ge-lingt uns ja kein
3. Da-mit wir nicht er-lie-gen Muß Gnade mit uns
4. Herr, laß es dir ge-fal-len, Noch im-mer ru-fen

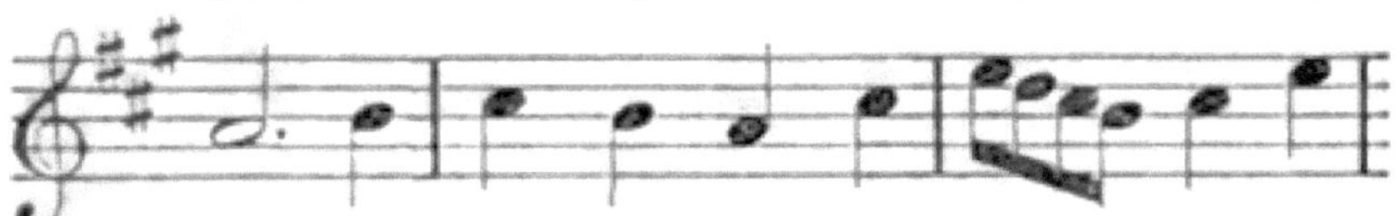

1. Herrn, Des Herrn dem wir hier wal - - len Und
2. Tritt, Es ge-be sei-ne Gna - - de Denn
3. sein; Nur sie flößt zu den Sie - - gen Ge-
4. wir, Die Gna-de sei mit al - - len, Die

1. seh'n sein Kom-men gern, Des Herrn dem wir hier
2. bis an's En-de mit, Es ge-be sei-ne
3. duld und Glau-ben ein, Nur sie flößt zu den
4. Gna-de sei mit mir, Die Gna-de sei mit

1. wal - - - len Und seh'n sein Kom - - men gern.
2. Gna - - de Denn bis an's En - - de mit.
3. Sie - - gen Ge-duld und Glau - ben ein.
4. al - - len, Die Gna - de sei mit mir.

Hiller.

e. Abendlieder.

101.

Eigene Melodie.

1. Dich zu lie - ben das ist Le - ben, Dich zu
2. Ach, was from-men uns die Näch - te Oh - ne
3. Lehr' mich wa - chen, laß mich schla-fen Täg - lich,
1. ha - ben sel' - - ge Ruh', Und wer dir sein
2. dich und dei - - ne Huld? Sü - ße schläft nur
3. nächt-lich, Herr, mit dir! Da-rum trugst du
1. Herz er - ge - ben Schließt ge-trost sein Au-ge zu,
2. der Ge - rech - te, Denn er ru - het oh - ne Schuld.
3. mei - ne Stra-fen, Da - rum ka-mest du zu mir,
1. Trinkt noch einmal vor dem Schlummer, Herr, aus dei-nem
2. Frie - de Got-tes heißt das Kis - sen, Das die See - le
3. Daß die See - le, bis ich ster - be, Dei - nes Gei - stes
1. lich - ten Quell, Dann entschläft er oh - - ne
2. recht er - quickt, Wäh-rend ein be - fleckt Ge-
3. wer - de voll, Daß ich als dein Kind und

1. Kum-mer, Dann sind sei - ne Näch - te hell.
2. wis - sen Auch im Schla - fe schnell er-schrickt.
3. Er - be Mit dir wa - chen, schla - fen soll.

Knapp.

102.

Eigene Melodie.

1. Mü - de bin ich, geh' zur Ruh', Schlie - ße
2. Hab' ich Un - recht heut' ge - than, Sieh' es
3. Al - le die mir sind ver - wandt, Gott, laß
4. Kran-ken Her - zen sen - de Ruh', Nas - se

1. bei - de Aeug - lein zu; Va - ter, laß die
2. lie - ber Gott nicht an, Dei - ne Gnad' und
3. ruh'n in dei - ner Hand; Al - le Men - schen,
4. Au - gen schlie - ße zu; Laß den Mond am

1. Au - gen dein Ue - ber mei - nem Bet - te sein.
2. Je - su Blut Macht ja al - len Scha-den gut.
3. groß und klein, Sol - len dir be - foh - len sein.
4. Him - mel steh'n Und die stil - le Welt be-seh'n.

Louise Hensel.

103.

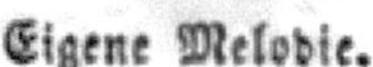
Eigene Melodie.

1. Bald ist es wie - der Nacht, Ja wie - der
2. Da schlaf' ich fröh - lich ein, Ja fröh - lich
3. Und wird's dann wie - der hell, Ja wie - der

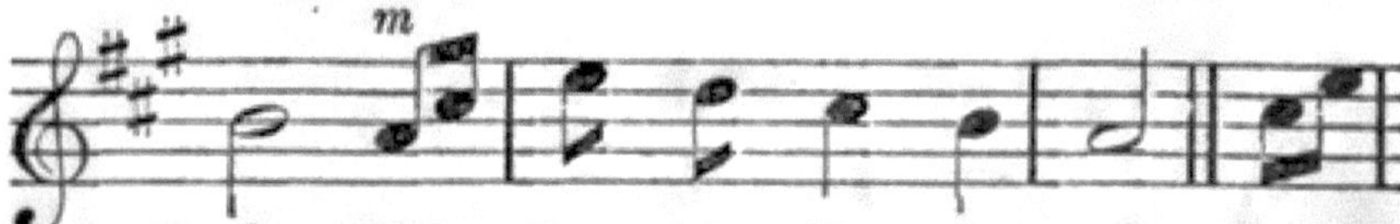

1. Nacht, Mein Bett - lein ist ge - macht; Drein
2. ein, Gar si - cher kann ich sein. Vom
3. hell, Dann we - cken sie mich schnell, Dann

1. will ich mich le - gen Wohl mit Got - tes
2. Him-mel ge - schwin - de Kom - men Eng' - lein
3. spring' ich so mun - ter Vom Bett - lein her-

1. Se - gen, Weil er die gan - ze Nacht, Die gan - ze
2. lin - de Und de - cken still mich zu, Ja still mich
3. un - ter. Hab' Dank, Gott Va-ter du! Gott Va - ter

1. Nacht Gar treu - lich mich be - wacht.
2. zu Und schü - tzen mei - ne Ruh'.
3. du! Ihr En - ge - lein da - zu.

W. Hey.

104.

Eigene Melodie.

1. Mei - nen Hei - land im Her - - zen, da
2. Mei - nen Hei - land im Au - - ge, da
3. Mei - nen Hei - land im Sin - - ne, bleibt
4. D'rum will ich ihn hal - ten fest, ja

1. schlaf ich so süß, Da träum' ich so
2. schreckt mich kein Feind, Er blei - be dem
3. Bö - - ses mir fern, Die Sün - de ent-
4. fest und ge - treu, Mein Va - ter im

1. se - - lig vom Pa - ra - dies, Da träum' ich so
2. beten - den Kin - de ver - eint, Er blei - be dem
3. weichet vor Gott meinem Herrn, Die Sün - de ent-
4. Himmel, o ste - he mir bei, Mein Va - ter im

1. se - - lig vom Pa - ra - dies.
2. be - ten - den Kin - de ver - eint.
3. weichet vor Gott, mei - nem Herrn.
4. Himmel, o ste - he mir bei.

Agnes Franz.

f. Der Lehrer Gebet.

105.

Mel. Migdol.

1. Ge - lo - bet seist du, Je - sus Christ, Daß
2. Ge - lo - bet sei des Va - ters Rath Für
3. Sein Va - ter - herz be - we - get ihn, Die
4. Ge - lo - bet sei der heil' - ge Geist, Der
5. Wenn nun ein Kind dich fröh - lich lobt: So

1. du der Kin - der Hei - land bist; Und daß die
2. sei - ner Lie - be Wun - der - that! Sein großer
3. Kin - der aus dem Fluch zu zieh'n; Er thut sein
4. je - - des Lamm zum Va - ter weis't, Den Kindern
5. merkt man bald wie Sa - tan tobt; Doch sin - gen

1. klei - ne Läm - mer - schaar Dir Kö - nig nicht ver -
2. Sohn wird arm und klein, Da - mit die Kin - der
3. eig' - nes Kind in Bann, Weil er sie nicht ver -
4. zu er - ken - nen gibt, Wie brün - stig sie der
5. auch die En - gel d'rein: Dies Kind soll un - ver -

1. ächt - - lich war.
2. se - - - lig sein.
3. mis - - sen kann.
4. Hei - - land liebt.
5. letz - - et sein.

Woltersdorf.

106.

Mel. Alfreton.

1. Wir tre - ten vor dein An - ge - sicht,
2. Wir beu - gen uns in uns' - rer Schuld,
3. Weil dein die Sach', Herr Je - su ist,
4. Nimm uns're Schul' in dei - ne Hut,
5. Schenk' Weis-heit uns, Ge - duld ver - leih',

1. Als Leh - rer, Herr, ver - wirf uns nicht. Wir
2. Und bit - ten dich um Gnad' und Huld, Für
3. Und du der rech - te Hel - fer bist, So
4. Was schlimm ist, ma - che wie - der gut, Was
5. Im Gu - ten mach' uns eif - rig, treu, In

1. brin-gen uns' - re Bit - ten dar, Für
2. schon so manch' ver - säum - te Pflicht, Geh'
3. be - ten wir ver - eint und fleh'n: Laß
4. träg ge - wor - den, kalt und lau, Er-
5. Al - lem lehr' uns nach dir schau'n, Um

1. uns und uns' - re Kin - der - schaar.
2. Herr, nicht mit uns in's Ge - richt.
3. dei - ne Sach' bei uns be - steh'n.
4. frisch', be - leb' mit Him - mels - thau.
5. un - ser Werk auf dich zu bau'n. Unbekannt.

107.

Mel. Erhalt' uns, Herr, bei deinem Wort.

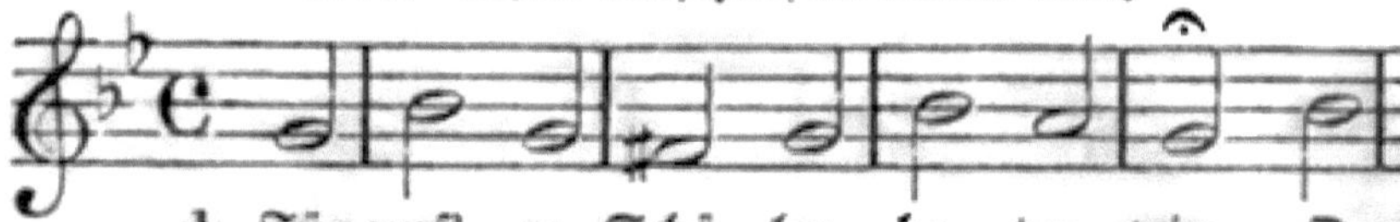

1. Für uns'-re Schü-ler be-ten wir, O
2. Dir o-pfert un-ser Lob-ge-sang An-
3. Dank, daß du auch an sie ge-denkst, Auch
4. Deß freu'n wir uns und dan-ken dir, Laß
5. Nimm ih-rer vä-ter-lich dich an, Und

1. Va-ter, wie für uns zu dir; Gib, der du
2. be-tung, Eh-re, Preis und Dank, Daß du auch
3. ih-nen Je-sum Chri-stum schenkst, Zu dei-nem
4. be-ten brün-stig, Gott, zu dir; Laß stets sie
5. lei-te sie auf dei-ner Bahn, Und ma-che

1. al-ler Va-ter bist, Gib je-dem was ihm
2. uns'-re Schü-ler liebst, Und ih-nen so viel
3. Him-mel sie auch schufst, Zum Glau-ben sie, zur
4. dei-ne Kin-der sein, Sie e-wig dei-ner
5. sie für dei-nen Ruhm Zu dei-nem Erb' und

1. nütz-lich ist.
2. Gu-tes gibst.
3. Heil'gung rufst!
4. Huld sich freu'n.
5. Ei-gen-thum.

Unbekannt.

g. Der Kinder Gebet für Lehrer.

108.

Mel. O Jesu Christ, mein's Lebens Licht.

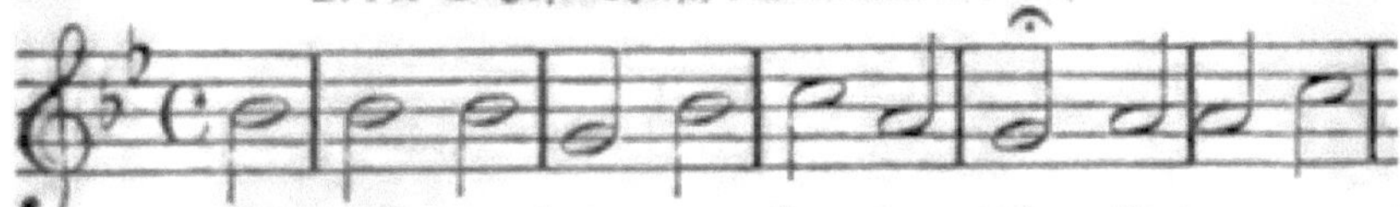

1. Für unſ' - re Leh - rer be - ten wir, O treu - er
2. Schenk' ihnen Gei - ſtes - freu-dig-keit, Zu leh - ren
3. Laß dei - ne Gna - de ſie er-freu'n, Auch hei-lig
4. Wird ihr Be - ruf oft ih-nen ſchwer, Häuft Sorg' u.
5. Dein Se - gen gib zu ih - rem Thun, Dein Frieden
6. Und was ſie hier an uns ge - than, Das ſieh', o

1. Je - ſu, nun zu dir, Sie ha - ben vie - le
2. wie dein Wort ge-beut, Gib ih - nen, Herr, voll
3. ih - ren Wan - del ſein, Daß ſie durch Wort und
4. Laſt ſich im - mer mehr, Dann lehr' ſie gläu - big
5. laß auf ih - nen ruh'n. Von treu - er Ar - beit,
6. Hei-land, gnä - dig an, Und kommſt du einſt auf

1. Sorg' u. Müh', Drum, lie-ber Hei-land, ſtär - ke ſie.
2. Gnad' u. Huld, Viel Weisheit, Sanftmuth und Geduld.
3. mit der That, Uns füh - ren auf den rech-ten Pfad.
4. auf dich ſchau'n, An dei-nem Wer - ke be - tend bau'n.
5. Sorg' u. Müh', Laß vie - le Früch-te ſe - hen ſie.
6. dei-nen Thron, Sei dann ihr Schild und großer Lohn.

Unbekannt.

h. Gebet für einen kranken Lehrer.

109.

Mel. Nun sich der Tag geendet hat.

1. Wir na - hen uns, Herr Je - su
2. Ein Leh -' rer, uns so lieb und
3. Schau ihn mit viel Er - bar - men
4. Soll a - - ber sei - ne Le - bens-
1. Christ, Zu dei - nem Thro - ne heut', Weil du der
2. werth, Sehr krank dar-nie - der-liegt, Wir fleh'n, daß
3. an, Ge-sund-heit ihm ver - leih', Daß er bald
4. zeit Schon ab - ge - lau - fen sein, So führ' ihn
1. rech - te Hel - fer bist In Noth und
2. sei - ne See - le werd' Durch dei - ne
3. wie - der wir - ken kann In uns' - rer
4. in die E - wig - keit Zu dei - nen
1. Trau - rig - keit.
2. Gnad' er - quickt.
3. Schul' auf's neu'.
4. Freu - den ein.

Unbekannt.

1. Für kranke Schüler.

110.

Mel. O Welt sieh' hier dein Leben.

1. Laß Le - bens - strö - me flie - ßen Und
2. Doch hast du es be - fun - den, Daß
3. Und sollt' es sein dein Wil - le, Daß

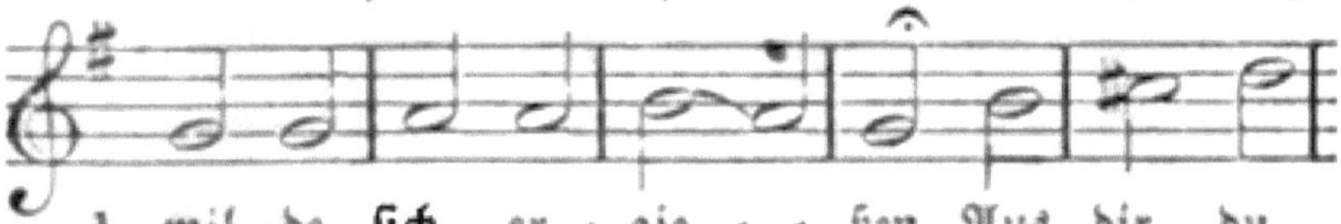

1. mil - de sich er - gie - - ßen Aus dir, du
2. läng're Lei - dens - stun - - den Herr! für sie
3. ih - re kran - ke Hül - - le In Tod zu-

1. Quell voll Heil! Auf uns're kran - ken Brü-
2. heil - sam sind; So laß den fro - hen Glau-
3. sam - men bricht, So laß sie se - lig ster-

1. der, Daß sie ge - ne - sen wie - der, An
2. ben Nichts aus dem Her - zen rau - ben, Daß
3. ben, Dein Him - mel - reich er - er - ben, Und

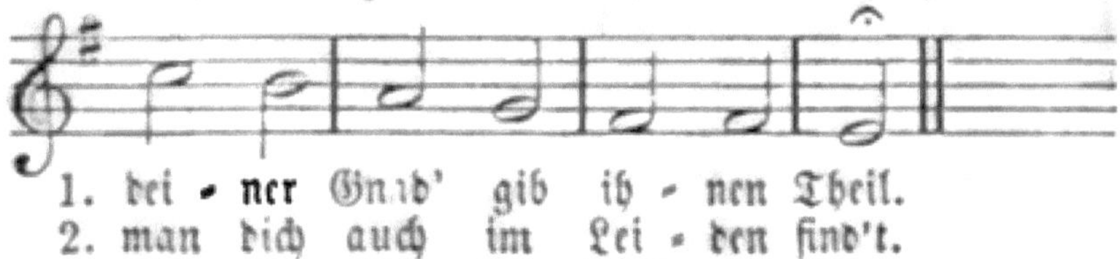

1. dei - ner Gnad' gib ih - nen Theil.
2. man dich auch im Lei - den find't.
3. Je - sus sein ihr Trost und Licht.

Unbekannt.

k. Empfang eines Seelsorgers.

111.

Mel. Worthing.

1. Sei will - kom - men bei uns Klei - nen,
2. Sei will - kom - men in dem Krei - se,
3. Je - su, seg - ne un - - sern Hir - ten,

1. Die du liebst in Je - su Christ. O wie
2. Die du lieb - test schon von fern. Lehr' uns,
3. Oeff - ne ihm die Her - zen all'. Führ' ihm

1. freut uns dein Er - schei - nen, Weil du gern bei
2. nach des Her - ren Wei - se, Ihm zu die - nen
3. al - - le zu die irr - ten, Schenk' ihm Se - gen

1. Kin - dern bist.
2. froh und gern.
3. oh - ne Zahl.

Unbekannt.

1. Beim Abschiede eines Lehrers.

112.

Mel. Wie schön leucht't uns der Morgenstern.

1. Die Hand zum Ab - schied rei - chen wir, O
Du hast durch dei - nen Un - ter - richt Ein
2. Gott loh - ne dir's was du ge - than, Und
Er füh - re dich zu. je - der Zeit Mit

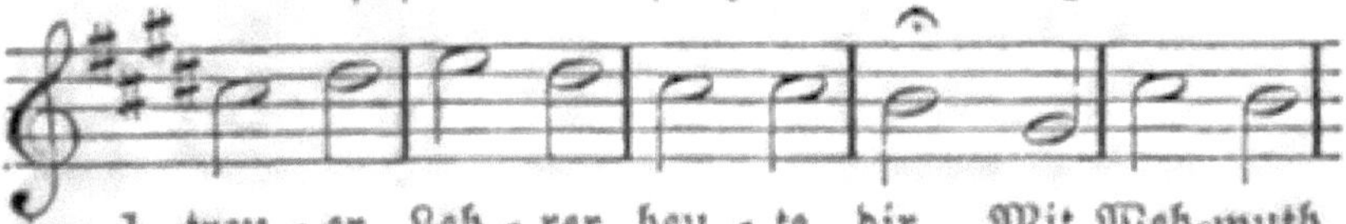

1. treu - er Leh - rer, heu - te dir, Mit Weh-muth
blei-bend Denk - mal auf - ge-richt't In uns'-rer
2. sei auf dei - ner Le-bens-bahn Dein Schutz, dein
Gna - den und Barm-her-zig-keit Auf sei - nem

1. und mit Schmer - zen, } Treu - lich, Red - lich
al - ler Her - zen. }
2. Heil, dein Lei - ter. } Ver - giß Uns nicht
We - ge wei - ter. }

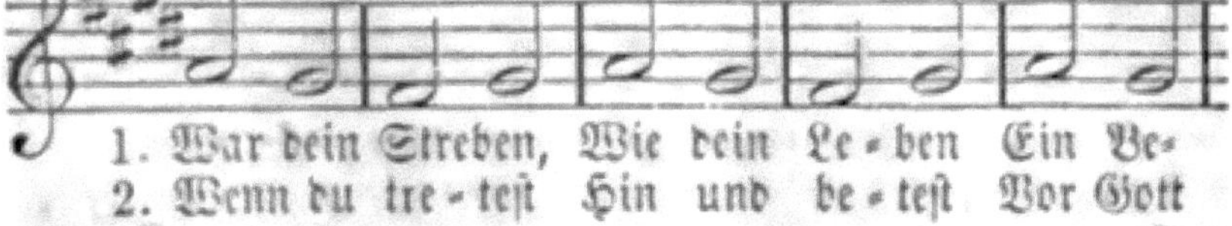

1. War dein Streben, Wie dein Le - ben Ein Be-
2. Wenn du tre - test Hin und be - test Vor Gott

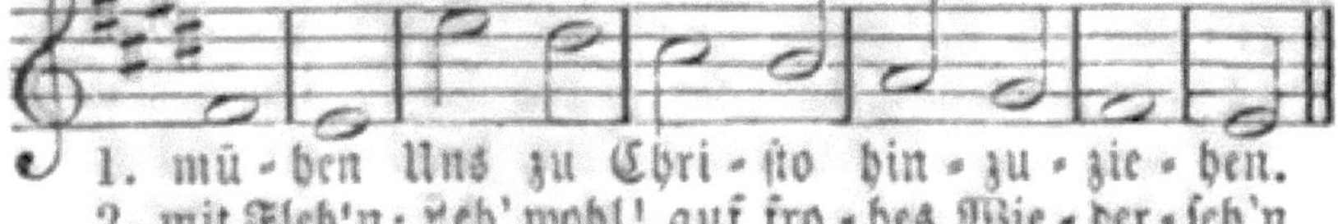

1. mü - hen Uns zu Chri - sto hin - zu - zie - hen.
2. mit Fleh'n; Leb' wohl! auf fro - hes Wie - der - seh'n.

Unbekannt.

m. Beim Abschied eines Schülers.

113.

Mel. Naomi.

1. Es schlägt die Ab = schieds = stun = = de Für
2. Er zieht aus uns' = rer Mit = = te Von
3. Sei du mit dei = ner Gna = de Bei
4. Laß dein Geist ihn be = = glei = ten Und
5. Die vie = len from = men Leh = = ren, Die
6. Und wenn in dei = nem Na = = men Sich

1. un = sern jun = gen Freund, Der in dem Schü = ler=
2. die = sem Se = gens = ort, Herr, len = ke sei = ne
3. ihm, ver = laß ihn nicht, Wenn auf dem Pil = ger=
4. stets sein Füh = rer sein, Zum Dul=den, Käm=pfen,
5. er em = pfan = gen hat, Laß heil=sam sich be=
6. schließt die Prü = fungs=zeit, So bring' uns stets zu=

1. bun = = de Mit uns war lang ver = eint.
2. Schrit = te Nur stets nach dei = nem Wort.
3. pfa = = de Ihm Trost und Rath ge = bricht.
4. Strei = ten Woll'st Kraft und Sieg ver = leih'n.
5. wäh = ren Als Wahr = heit durch die That.
6. sam = men In je = ner Herr = lich = keit.

Unbekannt.

d. Für Armenkinderanstalten.

114.

Mel. Jesus, meine Zuversicht.

1. Ach, wie gut ist un-ser Hirt! Brach-te
O wie wa-ren wir ver-irrt In der
2. Als wir Hun-ger, Blö-ße, Frost, Krank-heit,
Hör-te er zu un-serm Trost From-mer
3. Un-ter die-sem Dach ist's gut, Weil der
Wenn man Ar-beit thut und ruht, Wird das
1. uns zu die-ser Her-de;
Wü-ste die-ser Er-de, } Da wir
2. Zorn und Här-te lit-ten,
Kin-der-freun-de Bit-ten, } Daß sie
3. Hei-land es be-de-cket;
Herz ihm auf-ge-we-cket. } Führt er
1. wa-ren um und an Nur mit E-lend
2. uns ein Haus zu bau'n, Hül-fe fan-den
3. uns zur Her-berg' ein, Soll-ten wir nicht

1. an-ge-than.
2. und Ver-trau'n.
3. dank-bar sein?

115.

Mel. Groß ist unsers Gottes Güte.

1. Herr, dein Arm hält uns um=fan=gen, Trägt und
2. Uns zu su = chen, uns zu fin = den, Uns durch
3. Du bist treu, o Him=mels=kö=nig! Bist al=
1. speis't Leib und Geist, Trö = stet al = = le Ban=
2. Huld Und Ge = duld Fest an dich zu bin=
3. lein Gut und rein; Un = sers Ruhms ist we=
1. gen; Dei = ne Lie = be wacht und seg = net;
2. den, Je = su, das ist dei = ne Wei = se!
3. nig; We = nig ist, das löb = lich wä = re;
1. Wem ist sie Spät und früh Nicht mit Heil be=
2. Für und für Rüh = men wir Sol = ches dir zum
3. Sel = ten blüht Ein Ge = müth Ganz zu dei = ner
1. geg = net?
2. Prei = se.
3. Eh = re.

Knapp.

o. Schulweihe.

116.

Mel. Herr wie du willst so schick's mit mir.

1. Wir ha - ben die - ses Haus ge - baut, O
Dir, Höch-ster, sei es an - ver - traut, Du
2. Ach, zeuch mit ein, Herr Je - su Christ, Du
Und laß, weil du ein Hel - fer bist, Die
3. O heil' - ger Geist, du höch - stes Licht, Leucht'
Laß al - le - zeit uns sein ge-richt't Auf
1. Herr durch dei - ne Gü - te;
sel - ber es be - hü - te,
2. hol - der Freund der Klei - nen,
Gna - den - son - ne schei - nen
3. uns mit dei - ner Klar - heit;
dich und dei - ne Wahr-heit!
Wend' al - len
Auf das dir
Er - füll' mit
1. Scha-den gnä - dig ab, Und sei der Ste - cken
2. wer - the Ar - beits-feld, Und seg - ne die du
3. dei - nes Lich - tes Glanz Die Her - zen und die
1. und der Stab Für al - le die drin woh - nen.
2. hast be - stellt Zu Hir - ten dei - ner Her - de!
3. Häu-ser ganz, Und gib uns dei - nen Frie - den.

Christian August Bähr.

117.

Mel. Lobe den Herren den mächtigen König rc.

1. Herr, der vom Him - mel die Wäl - der und
Und aus den Hö - hen zur Er - de so
2. Bal - ken und Stei - ne sind dein o ge-
Du bist der Herr des Ge-bäud's, dir ver-
3. Seg - ne die Leh - rer, die Klei - nen dir
Seg - ne die Kin - der, daß flam - men - de
1. Flu - ren be - thau - et,
gna - den - voll schau - et;
2. wal - ti - ger Grün - der!
dan - ken's die Sün - der;
3. treu - lich zu pfle - gen!
Her - zen sich re - gen.
Zeuch in dies
Sie - he nun
Dein, ja nur
1. Haus, Wand'-le da - rin ein und aus!
2. an, Was dir der Glau - be ge - than!
3. dein, Zeit - lich und e - wig zu sein,
1. Du hast es lie - bend er - bau - et.
2. Sei uns ein Frie - dens - ver - kün - der.
3. Führ' sie dem Him - mel ent - ge - gen.

A. Knapp.

XX. Von den Gütern des Gnadenbundes.

1. Die Berufung.

118.

Mel. O Welt sieh' hier dein Leben.

1. Die Gna - de geht durch Stu - fen Mit
2. O gro - - ßes Haupt der Glie - der, Du
3. Herr Gott! auf je - dem Gra - de Von
1. de - nen die be - ru - - fen Nach Got - tes
2. Er - ster dei - ner Brü - - der, Man hat's in
3. die - ser ho - hen Gna - - de Sei dir dein
1. Vor - satz sind. Er hat's zu - vor er - se-
2. dir al - lein: Be - ru - fen sein vom Ster-
3. Ruhm ge - bracht. Dir singt zu dei - nen Eh-
1. hen, Sein Vor - satz muß be - ste - hen, So
2. ben, Ver - ord - net sein zum Er - ben, Ge-
3. ren Wer dei - nen Ruf kann hö - ren; Dir
1. wie sein Sohn ist, wird das Kind.
2. recht ge - macht und herr - lich sein.
3. dankt wen du ge - recht ge - macht.
Hiller.

2. Erleuchtung.

119.

Eigene Melodie.

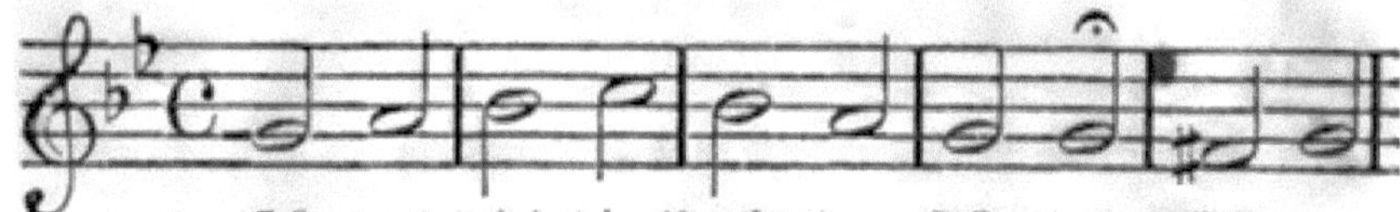

1. Hü = ter! wird die Nacht der Sün=den Nicht ver=
2. Möcht' ich, wie das Rund der Er = den Lich = te
3. Wir sind ja im neu = en Bun = de, Da die
4. Je = su, gib ge = sun = de Au = gen, Die was

1. schwinden? Hü = ter! ist die Nacht schier hin?
2. wer = den! See = len = son = ne geh' mir auf!
3. Stun = de der Er = schei=nung kom = men ist;
4. tau = gen, Rüh = re mei = ne Au = gen an!

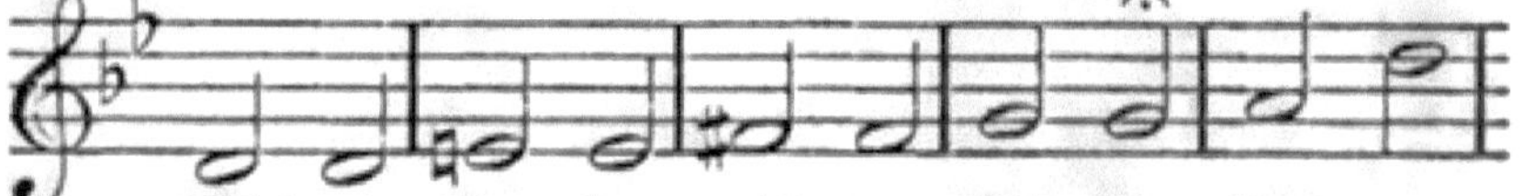

1. Wird die Fin = ster = niß der Sin=nen Bald zer=
2. Ich bin fin = ster, kalt und trü = be; Je = su,
3. Und ich muß mich stets im Schat=ten So er=
4. Denn das ist die größ = te Pla = ge, Wenn am

1. rin = nen, Dar = ein ich ver = hül = let bin?
2. Lie = be, Komm', be = för = d're mei = nen Lauf!
3. mat = ten, Weil du mir so fer = ne bist.
4. Ta = ge Man das Licht nicht se = hen kann!

Richter.

3. Weisheit.

120.

Eigene Melodie.

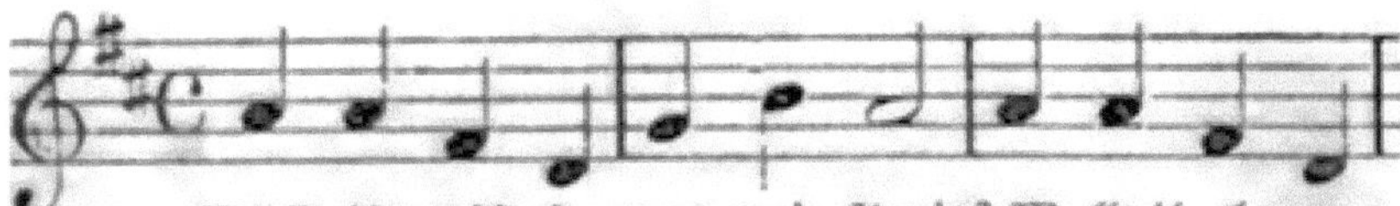

1. Wollt ihr wis-sen was mein Preis? Wollt ihr ler-nen
2. Was stärkt meines Glaubens Grund? Was stärkt u. er-
3. Wer ist mei-nes Le-bens Kraft? Wer ist mei-nes
4. Wer ist mei-nes Lei-dens Trost? Wer schützt wenn mein
5. Wer ist mei-nes To-des Tod? Wer hilft in der
6. Und so wißt ihr was ich weiß, Ihr wißt mei-nen

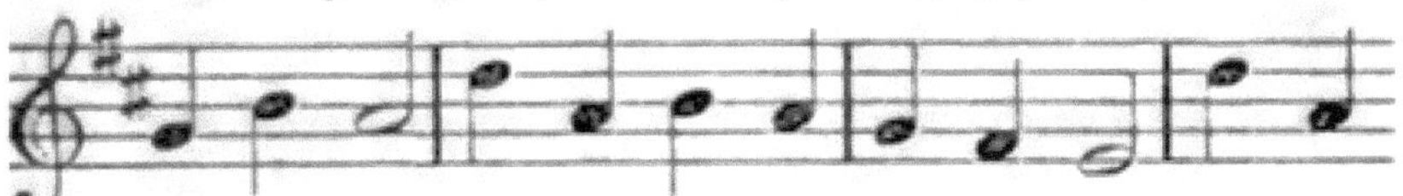

1. was ich weiß? Wollt ihr seh'n mein Eigenthum? Wollt ihr
2. weckt den Mund? Wer trägt meine Straf' u. Schuld? Wer schafft
3. Gei-stes Saft? Wer macht fromm mich u. gerecht? Wer macht
4. Feind er-boßt? Wer er-quickt mein mat-tes Herz Und was
5. letz-ten Noth? Wer versetzt mich in sein Reich? Wer macht
6. Zweck u. Preis: Glaubt, lebt, duld't, sterbt – aber wem? So sind

1. wis-sen was mein Ruhm? Jesus der Ge-kreu-zig-te.
2. mir des Va-ters Huld? Je-sus der Ge-kreu-zig-te.
3. mich zu Got-tes Knecht? Jesus der Ge-kreu-zig-te.
4. lin-dert mei-nen Schmerz? Jesus der Ge-kreu-zig-te.
5. mich den En-geln gleich? Je-sus der Ge-kreu-zig-te.
6. wir recht an-ge-nehm Je-su, dem Ge-kreu-zig-ten!

Schwedler.

4. Wiedergeburt.

121.

Mel. Der Tag ist hin, mein Jesu bei mir bleibe. (8. Pf.)

1. Mein Hei=land, du wollst dich in uns ver=
2. Ach, was all = hier ist Fleisch vom Fleisch ge=
3. Vom Him=mel laß die Le = bens = was = ser
1. klä = ren, Und uns durch Geist zu Gei = stern
2. bo = ren Ist sünd = lich Fleisch und geht ver=
3. flie = ßen, Den Strom des Gei = stes sich in
1. neu ge = bä = ren! Wir müs = sen ja aus
2. einst ver = lo = ren. Was a = ber Geist vom
3. uns er = gie = ßen, In die = sem wird der
1. Gott ge = bo = ren sein, Sonst ge = hen wir in
2. Geist ge = bo = ren heißt, Ver = ge = het nicht, es
3. al = te Mensch ver=senkt, Durch die = sen wird der
1. Got = tes Reich nicht ein.
2. ist und blei = bet Geist.
3. neu = e Mensch ge=tränkt.

Knapp's Liederschatz.

5. Glaube.

122.

Mel. Meinen Jesum lass' ich nicht.

1. Glau - be ist die Zu - ver - sicht,
Da man hofft und sie - - het nicht,
2. Sol - chen Glau - ben grün - dest du,
Stür - men Welt und Sa - - tan zu,
3. Je - - su, der du selbst ge - glaubt,
Laß an dir als mei - nem Haupt,

1. Die auf ih - - rem Grund bleibt ste - - hen,
Zwei - felt a - - ber nicht am Se - - hen;
2. Treu - er Gott, durch dei - ne Gna - - de;
O so ist auch dies kein Scha - - de.
3. Und zur Freu - de ein - ge - gan - - gen,
Mich in star - - kem Glau - ben han - - gen;

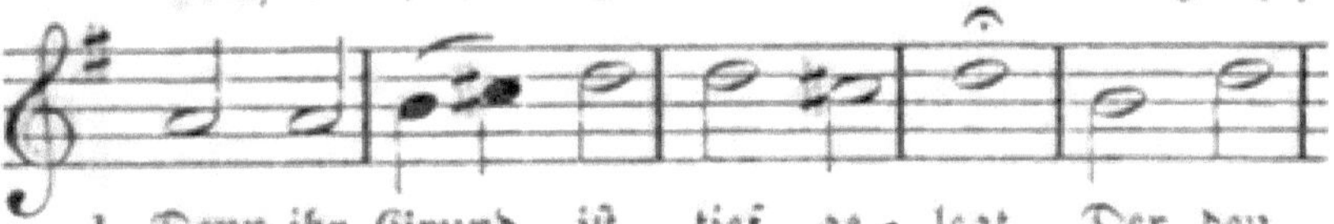

1. Denn ihr Grund ist tief ge - legt, Der den
2. Was du gründ'st, muß fe - ste sein, Was du
3. Hab' ich dich schon nicht ge - seh'n, Wird es

1. Bau der Hoff - nung trägt.
2. hältst das fällt nicht ein.
3. doch ge - wiß ge - scheh'n.

Hiller.

6. Rechtfertigung.

123.

Mel. IIIa.

1. Chri - sti Blut und Ge - rech - tig - - keit,
2. Die Hand-schrift ward durch Je - - su Blut
3. Ich glau - be, daß sein theu - res Blut
4. D'rum soll auch die - ses Blut al - lein,
5. Ich will nach mei - ner Gna - den - wahl
1. Das ist mein Schmuck und Eh - ren - kleid,
2. Am Kreuz durch - stri - chen mir zu gut;
3. Ge - nug für al - - le Sün - den thut,
4. Mein Trost und mei - - ne Hoff - nung sein;
5. Stets seh'n auf dei - - ne Wun - den - maal';
1. Da - mit will ich vor Gott be - - steh'n,
2. Die Nä - gel, die das Lamm ver - wund't,
3. Und daß es Got - tes Schä - tze füllt
4. Ich bau' im Le - ben und im Tod
5. Und dro - ben pran - gen in dem Kleid
1. Wann ich zum Him - mel werd' ein - geh'n.
2. Zer - ris - sen die - sen al - ten Bund.
3. Und e - wig in dem Him - mel gilt.
4. Al - lein auf Je - su Wun - den roth.
5. Dein's Blu - tes und Ge - rech - tig - keit.

Graf von Zinzendorf.

124.

Mel. Bath Chapel.

1. Wie bist du mir so herz - lich gut, Mein
2. Wenn mein Ge - wis - sen za - gen will Vor
3. Es gie - bet dem be - drück - ten Sinn Frei-
4. Zeuch mich in dein ver - söh - nend Herz, Mein
5. Kommt, groß und klei - ne Sün - der doch, Die

1. Ho - her - prie - ster du! Wie theu'r und kräf - tig
2. mei - ner Sün-den-schuld, So macht dein Blut mich
3. mü - thig - keit zu dir, Daß ich in dir zu-
4. Je - su! tief hin - ein; Laß es in al - ler
5. ihr müh - se - lig seid; Dies lie - bend Herz steht

1. ist dein Blut, Wie theu'r und kräf - tig ist dein
2. wie - der still, So macht dein Blut mich wie - der
3. frie - den bin, Daß ich in dir zu - frie - den
4. Noth und Schmerz, Laß es in al - ler Noth und
5. of - fen noch, Dies lie-bend Herz steht of - fen

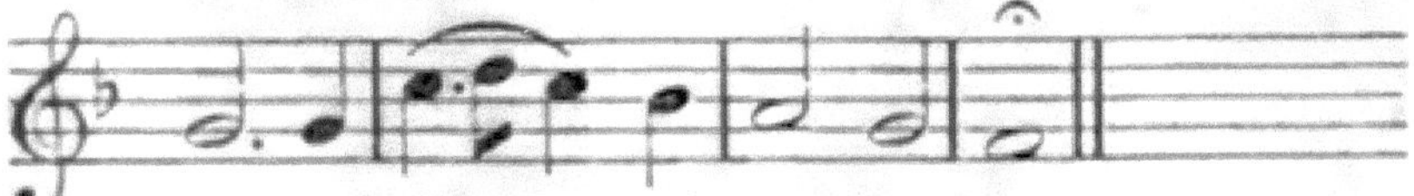

1. Blut, Es setzt mich stets in Ruh'.
2. still, Setzt mich bei Gott in Huld.
3. bin—Wie arm ich bin in mir.
4. Schmerz Mein Schloß und Zuflucht sein.
5. noch, Das euch von Sünd' be-freit.

Tersteegen.

7. Friede.

125.

Mel. Seht die Mutter dort voll Schmerzen.

1. Je - su, Frie - de ar - mer Sün - der;
Frie - de mit - ten in dem Krie - ge,
2. Wenn die Knech - te ih - rer Sün - den,
Der sucht Gna - de, der find't Frie - den,
3. Treu - er Hei - land, laß mich die - sen
Will mich Welt und Sa - tan schre - cken
4. Dei - nen Frie - den laß mich trö - sten,
Werd' ich einst hier weg - ge - nom - men,

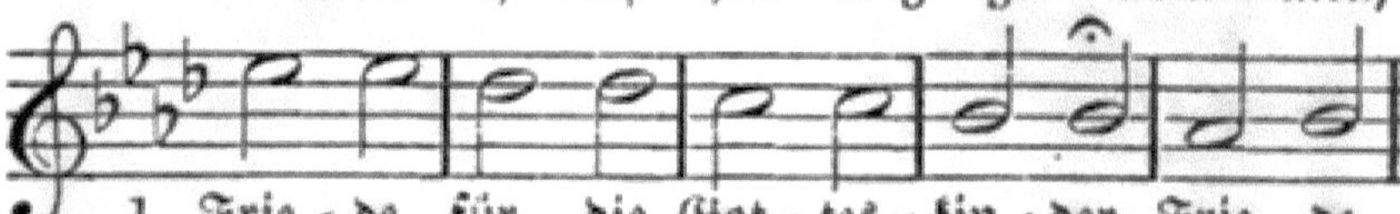

1. Frie - de für die Got - tes - kin - der, Frie - de
Frie - de bis zum vol - len Sie - ge In des
2. Nir - gends kei - nen Frie - den fin - den, Fin - det
Al - so geht er ohn' Er - mü - den Un - ter
3. Im Ge - wis - sen auch ge - nie - ßen; Gibst du
Und die Sün - de Angst er - we - cken, Such' ich
4. Daß du end - lich die Er - lö - ten Läs - sest
Laß mich dort zum Frie - den kom - men, O wie

1. ü - ber die Ver - nunft.
Hei - land's Wie - der - kunft.
2. ihn der Glau - be doch;
Chri - sti sanf - tem Joch.
3. den, so laß ihn mir;
die - sen nur bei dir.
4. nach der Ar - beit ruh'n.
sanft wird sol - ches thun!

Hiller.

8. Freude.

126.

Mel. Jesu meine Freude.

1. Je - su, mei - ne Freu - de, Mei - nes
Ach, wie lang', ach lan - ge, Ist dem
2. Un - ter dei - nen Schir - men Bin ich
Laß den Sa - tan wit - tern, Laß den

1. Her - zens Wei - de, Je - su, mei - ne
Her - zen ban - ge, Und ver - langt nach
2. vor den Stür - men Al - ler Fein - de
Feind er - bit - tern, Mir steht Je - sus

1. Zier! / dir. } Got - tes Lamm! Mein Bräu - ti - gam!
2. frei; / bei; } Ob es jetzt Gleich kracht und blitzt,

1. Au - ßer dir soll mir auf Er - den
2. Ob gleich Sünd' und Höl - le schre - cken,

1. Sonst nichts lie - bers wer - den.
2. Je - sus will mich de - cken.

J. Frank.

127.

Eigene Melodie.

1. Wen Je - sus liebt, Wen Je - sus liebt, Der kann
2. Im Him-mel hoch, Im Him-mel hoch, Auf Got-
3. Und gibt und schenkt, Und gibt und schenkt Der Ga-
4. Und liebt auch mich, Und liebt auch mich, Gibt auf

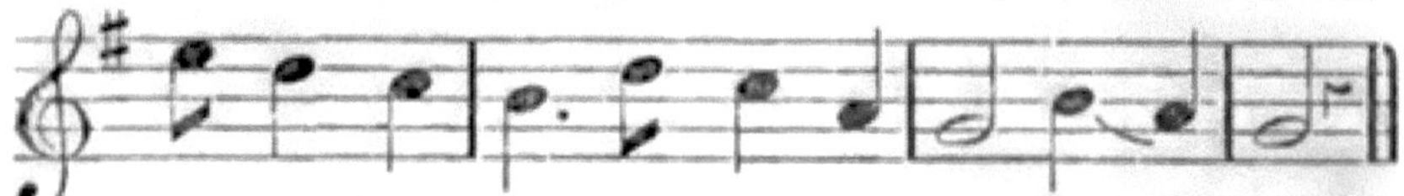

1. al - lein Recht fröh-lich sein Und nie be - - trübt.
2. tes Thron Liebt Got-tes Sohn Die Sei - nen noch.
3. ben viel, Ohn' Maaß und Ziel Und sorgt und denkt.
4. mich Acht, D'rum Tag und Nacht Bin froh auch ich.

W. Hey.

---

9. Kindschaft.

128.

Mel. Von Gott will ich nicht lassen.

1. Mein Herz will sich nicht trau - - en, Es
Da macht der Zwei - fel Grau - en, Daß
2. Wenn ich nur Je - sum lie - - be, Ach,
So sind die gu - ten Trie - - be Nicht
3. Ein glau - bens - lo - ser Sün - der Weiß
Um Lie - be sor - gen Kin - - der, Sind
4. Dir dank' ich, Geist der Gna - - de, Daß
Und bei dem schwäch - sten Gra - - de Mir

1. fühlt sich un - ge - treu;
ich kein Kind mehr sei.
2. Herr, du weißt es ja,
von mir sel - ber da.
3. nichts von die - ser Sach'.
oft die Kin - der schwach,
4. du mich kind - lich treibst,
doch mein Zeu - ge bleibst.
Doch faſſ' ich
Zeugt mein Herz
So dau'rt die
Ach, zeug' mir
1. mich ge-schwind, Ich kann vom Geist ge - trie - -
2. wi - der mich, So kann der Geist mir zeu - -
3. Kindschaft doch, Weil sie um Lie - be sor - -
4. auch hier - in, Daß ich kann Je - sum lo - -
1. ben Im Glau - ben Je - su lie - - ben, So
2. gen, Da muß mein Herz dann schwei - gen; Denn
3. gen, Da bleibt es nicht ver - bor - gen, Es
4. ben: Und lehr' mich's jetzt in Pro - ben, Bis
1. bin ich Got - tes Kind.
2. Je - sum lie - - be ich.
3. treibt der Geist sie noch.
4. ich vol - len - det bin.

Hiller.

129.

Mel. Wenn ich o Schöpfer deine Macht.

1. Gott for - dert Hei - li - gung von mir, Sonst
Die find' ich, Je - su, nur in dir, Mit
2. Doch soll ich nach der Hei - li - gung Von
Und in der Sinn - er - neu - e - rung Nach
3. Ich su - che nicht Ver-dienst noch Ruhm, Sonst
Nur daß du in dein Hei - lig - thum Mich
1. werd' ich Ihn nicht se - hen,
dir kann ich be - ste - hen.
Von E - wig-
2. gan - zem Her - zen stre - ben,
sei - nem Vor - bild le - ben,
Fühl' ich mich
3. muß mich Gott be - schä-men,
könnt'st als tüch - tig neh-men;
Ver - wirf mich
1. keit hat's Gott be - dacht Und den zur Hei - li-
2. täg - lich man-gel - haft, So blei - be dei - nes
3. auch im Ster-ben nicht; Zum Erb' der Hei - li-
1. gung ge - macht Den er als hei - lig ken - net.
2. Gei - stes Kraft Doch in mir Schwachen mächtig.
3. gen im Licht Laß mich auf e - wig kom - men.

Hiller.

11. Versiegelung und Bewahrung.

130.

Mel. Zion.

1. Weicht ihr Ber - ge, fallt ihr Hü - gel, Got - tes
Und der Frie - de hat dies Sie - gel, Daß Gott
2. Das sind Wor - te für die Blö - den, Die sind
Das heißt an die Her - zen re - den, Das ist
3. Gib mir ei - nen star - ken Glau - ben, Der dein
So kann mir der Tod nicht rau - ben Was du

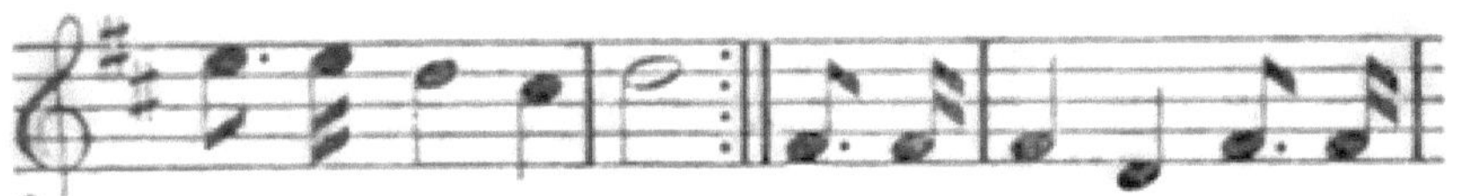

1. Gna - de weicht mir nicht, sei - nen Bund nicht bricht. } Die - ses macht mich, die - ses
2. al - ler An - nahm' werth; Trost, wie man be - gehrt. } Got - tes Gna - de, Got - tes
3. Wort mit Freu - den faßt; mir ge - schen - ket hast. } Auch die Höl - le, auch die

1. macht mich un - ver - zagt, Weil es mein, weil es
2. Gna - de weicht dir nicht, Weil es dein, weil es
3. Höl - le nimmt mir nicht, Was mir mein, was mir

1. mein Er - bar - mer sagt.
2. dein Er - bar - mer spricht.
3. mein Er - bar - mer spricht.

Hiller.

XXI. Buße und Bekehrung.

131.

Mel. Jesu, meiner Seelen Ruh.

1. In der Welt ist Fin=ster=niß,
2. Wer auf sei=nen We=gen geht,
3. Je=sus führt die Ju=gend gut,
4. O, so su=chet ihn al=lein,

1. Und ihr Pfad ist un=ge=wiß; Nur bei
2. Wer in sei=ner Füh=rung steht, Wer auf
3. Hält sie fest in sei=ner Hut, Wenn sie
4. Laßt euch mit der Welt nicht ein! Su=chet

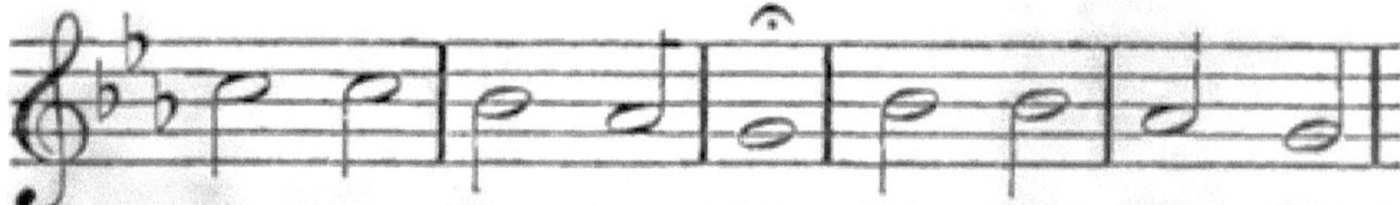

1. Je=sus ist das Licht, Nur bei Je=sus
2. sei=ne Au=gen sieht, Dem ist heil=sam
3. Ihm nur recht ver=trau'n Wer=den sie das
4. Ihn, denn er sucht euch; Bleibt bei ihm, denn

1. irrt man nicht.
2. was ge=schiebt.
3. Le=ben schau'n.
4. Er ist reich!

Dr. C. G. Barth.

132.

Mel. Ich will's wagen ꝛc.

1. Klei-ne Sün-der, klei-ne Sün-der, Kommt zum
Glaubt, o Kin-der, glaubt, o Kin-der, Daß er's
2. Ach, er lie-bet, ach, er lie-bet Sei-ne
Denn er gi-bet, denn er gi-bet Ih-nen
3. Läm-mer-heer-den, Läm-mer-heer-den, Kommt und
Se-lig wer-den, se-lig wer-den, Und dem

1. Kin-der-freund. } Seht, sein Arm ist aus-ge-dehnt,
herz-lich meint.
2. Läm-mer sehr. } Durch sein eig'nes theu-res Blut
Al-les her.
3. wei-det euch! } Das ist euch von ihm be-stimmt;
Lämmlein gleich,

1. Weil sein Herz sich nach euch sehnt, Eilt ge-schwin-der,
2. Macht er ih-re Sün-den gut; O be-trü-bet,
3. Wer es bit-tet, sucht und nimmt, Hat auf Er-den,

1. eilt ge-schwin-der, Denn sein Au-ge weint.
2. o be-trü-bet Sei-nen Geist nicht mehr.
3. hat auf Er-den Schon ein Him-mel-reich.

Waltersdorf.

133.

Mel. Schwing' dich auf zu deinem Gott.

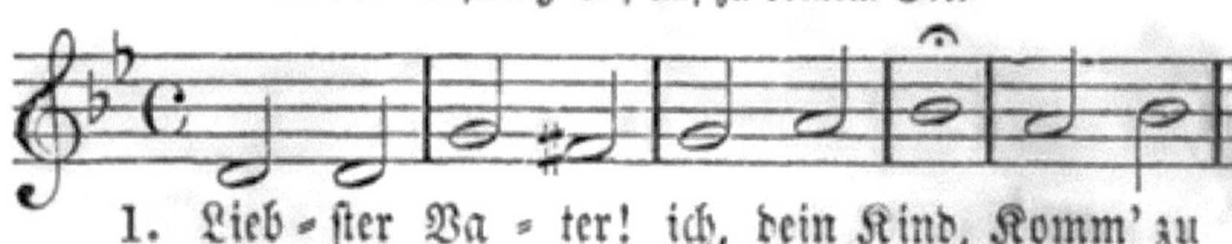

1. Lieb - ster Va - ter! ich, dein Kind, Komm' zu
Weil ich son - sten Nie-mand find', Der mich
2. Du bist Va - ter ja mit Recht Und hast
Ei, so hab' ich Kin - des Recht Und darf
3. Hast du doch in dei - nem Wort Gna - de
Laß mich an die Gna - den - pfort' Nicht ver-

1. dir ge - ei - let, Ar - men hei - let, } Mei - ne Wun-den sind sehr
2. Va - ter - sit - ten, kühn-lich bit - ten: } Denn den Kin-dern steht es
3. mir ver-spro-chen; ge - bens po - chen. } Laß der Mat - ten Seuf - zer-

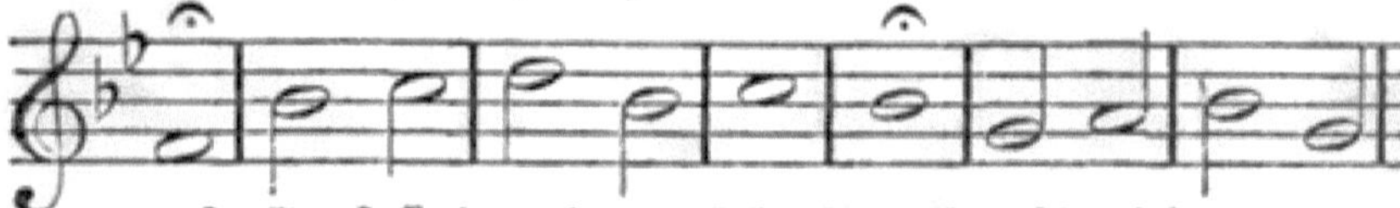

1. groß, Groß sind mei - ne Sün-den, Mach' mich von den-
2. frei, Vä - ter an - zu - fle - hen: Va - ter, dei - ne
3. Ton Durch die Wol-ken drin - gen, Und von dei-nem

1. sel - ben los, Laß mich Gna - de fin - den.
2. Va - ter-treu' Laß mich Ar - men se - hen.
3. Him-mels-thron Mir die Gna - de brin-gen.

Titius.

XXII. Vom wahren Christenthum.

134.

Eigene Melodie.

1. Ich will stre - ben nach dem Le - ben wo ich
Ich will rin - gen ein - zu - drin-gen, bis daß
2. Je - su, rich - te mein Ge - sich - te nur auf
Lenk' die Schrit-te, stärk' die Trit - te, wenn ich
3. Du mußt zie - hen, mein Be - mü - hen ist zu
Wo ihr's feh - le fühlt die See - le; a - ber
1. se - lig bin, ich's ge - winn.
Hält man mich so lauf' ich fort,
2. je - nes Ziel, Schwachheit fühl';
Lockt die Welt so sprich mir zu,
3. man-gel - haft. du hast Kraft;
Weil dein Blut ein Le - ben bringt,
1. Bin ich matt so ruft das Wort: „Fort - ge - run - gen,
2. Schmäht sie mich so trö - ste du, Dei - ne Gna - de
3. Und dein Geist das Herz durchdringt. Dort wird's tö - nen
1. Durch - ge - drun - gen Bis zum Klei - nod hin."
2. Führ' ge - ra - de Mich aus ih - rem Spiel.
3. Bei dem Krö - nen „Gott ist's der es schafft."

Hiller.

XXIII. Vom Gebete.

135.

Mel. Kommt o liebe Kinder.

1. Leh = re du mich be = ten, Herr der Herr-lich-
Kindlich vor dich tre = ten, Wie dein Wort ge-
2. Hei-lig, fromm und se = lig Wird wer dir ver-
Mit den En = geln fröh = lich Er dein Ant = litz
3. Laß mich dei = nem Bil = de Hier schon ähn = lich
De-muths-voll und mil = de, Sanft und still und
1. keit! beut;
2. traut, schaut.
3. sein, rein.
Ma = che mich un = schul = dig, Ma = che
O wie lieb = lich klin = gen Wird es,
Nimm doch ganz der Er = de Schnöden
1. fromm dein Kind, Denn die Welt ist
2. wenn ver = eint, En = gel Kin = der
3. Sinn von mir, Daß ich hei = lig
1. schul = dig, Voll von al = ler Sünd'.
2. sin = gen Dir, dem hol = den Freund.
3. wer = de, Woh = ne du in mir.

Unbekannt.

136.

Mel. Arlington.

1. Gott, dei - ne Kin - der tre - ten Mit
2. O du, der in den Hö - hen Und
3. Gib Kin - des - Herz und Wor - te Bei
1. Freu - den vor dich hin, Sie stam-
2. in den Tie - fen wohnt, Laß kind-
3. Kin - des Freu - dig - - keit, Daß sich
1. meln und sie be - ten; Du kennst der Wor-
2. lich uns ver - ste - hen, Wie dei - ne Gna-
3. des Him - mels Pfor - te Uns öff - ne je-

1. te Sinn.
2. de lohnt!
3. der - zeit!

Unbekannt.

137.

Mel. Nun laßt uns Gott dem Herreu.

1. Im Glau-ben und Ver - trau - en In's Herz des
2. Die Zu - ver - sicht der Kin - der Er - lan - gen
3. Im Kleid des Erst- ge - bor'-nen Er - schei -nen
4. Der Geist, der Ab - ba schrei - et, Und der von
5. D'rum laßt uns gläu-big bit - ten, Kein Zwei - fel
6. Ja, das Ge - bet im Glau-ben Läßt sich kein

1. Va - ters schau - en, Recht kind - lich zu ihm
2. schnö - de Sün - der Durch sei - nes Soh - nes
3. die Ver - lor'-nen, Und neh - men sei - net-
4. Furcht be - frei - et, Lehrt sie des Glau-bens
5. sei ge - lit - ten; Wir fleh'n in Je - su
6. A - men rau - ben; Es wird in al - len

1. tre - ten, Das heißt er - hör - lich be - ten.
2. Lie - be, Durch sei - nes Gei - stes Trie - be.
3. we - gen Vom Va - ter al - len Se - gen.
4. Sit - ten, Ein un - aus-sprech-lich's Bit - ten.
5. Na-men, Sein Wort und Nam' ist A - men.
6. Sa - chen Uns al - les mög - lich ma - chen.

Woltersdorf.

XXIV. Von den heil. Sakramenten.

A. Die Taufe.

138.

Mel. Liebster Jesu, wir sind hier.

1. Mein Er-lö-ser, der du mich Dir zum
Als dein Jün-ger bin auch ich Vor-mals
2. Gib, daß ich mit Acht-sam-keit Mei-nen
Und nur das zu je-der Zeit Für Ge-
3. Die-se Er-de, Gut und Ruhm Bleibt im
Nur ein wah-res Chri-sten-thum Folgt uns
4. Laß mich denn, wie dir's ge-fällt, Dei-nem
Und ent-fernt vom Sinn der Welt, Als dein

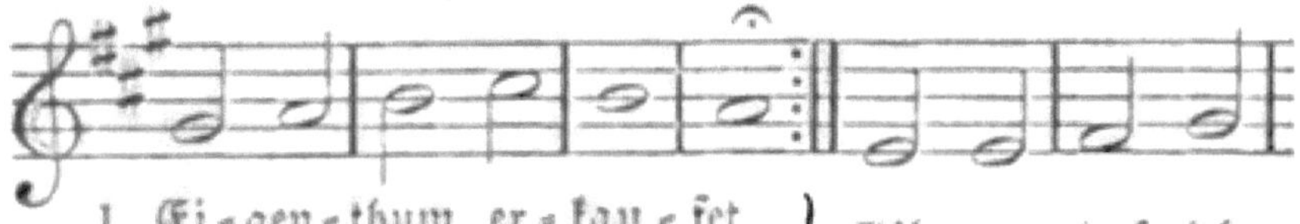

1. Ei-gen-thum er-kau-fet,
auf dein Wort ge-tau-fet. } Gib nur, daß ich
2. Taufbund oft be-trach-te,
winn und Freu-de ach-te, } Daß ich dei-nes
3. To-de doch zu-rü-cke;
nach zum ew'-gen Glü-cke. } Da-von ist auch
4. Dienst, Herr, ganz er-ge-ben,
treu-er Jün-ger le-ben; } Daß ich einst auch,

1. mich be-flei-ße, Das zu wer-den was ich hei-ße.
2. Va-ters Wil-len Treu-lich su-che zu er-fül-len.
3. nach dem Sterben E-wig Se-gen zu er-wer-ben.
4. wenn ich ster-be, Das ver-heiß-ne Le-ben er-be.

Werenberg.

2. Abendmahl.

139.

Mel. Wie schön leucht't uns der Morgenstern.

1. O Fels des Heils! am Kreu-zes-stamm Für
Dein Lei-den ist ein Büsch-lein mir, Aus
2. Dein Fleisch gibt wah-re See-len-speis', Dein
Der mich in Schwach-heit un-ter-stützt; Ein
1. mei-ne Sün-den wie ein Lamm Ge-mar-tert
Myrrhen, wel-ches für und für Auf mei-ner
2. Blut wäscht ro-the Sün-den weiß; Dein Fluchholz
Brunn, d'raus Le-bens-was-ser spritzt; Ein Schild, der
1. und ge-schlach-tet! Brust ver-nach-tet,
Wo ich Stets mich
2. ist mein Ste-cken, mich kann de-cken,
Der nicht Zer-bricht
1. Wohl er-qui-cke Und er-bli-cke See-len-
2. Vor den hel-len Zor-nes-schnel-len Don-ner-
1. wei-de! Ja die Wur-zel al-ler Freu-de.
2. kei-len, Vor des Ab-grund's Feu-er-Pfei-len.

Lampe.

Nach dem heil. Abendmahl.

140.

Mel. O daß ich tausend Zungen hätte.

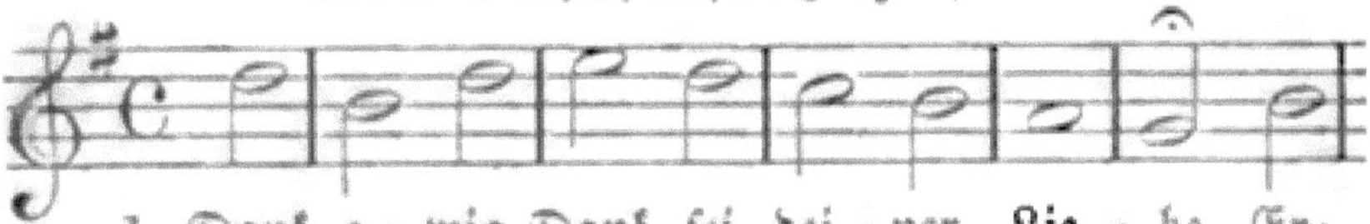

1. Dank, e-wig Dank sei dei-ner Lie-be, Er-
Gib, daß ich dei-nen Wil-len ü-be, Der
2. Wie kann ich dich ge-nug er-he-ben? Ich,
Ich soll nicht ster-ben, son-dern le-ben, Weil
3. Laß, Herr, mich dank-bar stets er-mes-sen Die
Und dei-ner Lie-be nie ver-ges-sen, Die

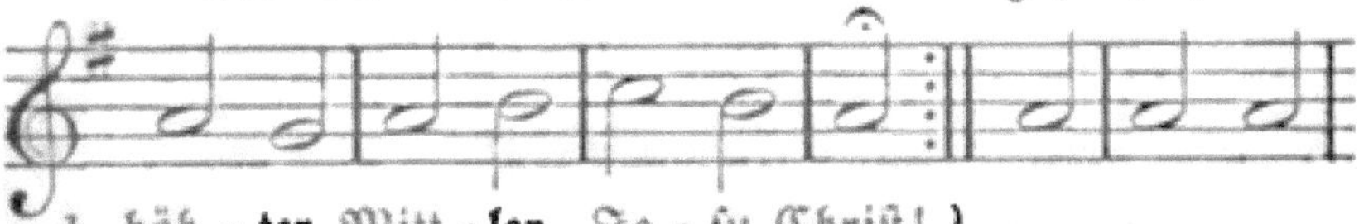

1. höh-ter Mitt-ler, Je-su Christ!
du für mich ge-stor-ben bist; } Und laß die
2. der ich Zorn und Tod ver-dient,
du mich selbst mit Gott ver-sühnt. } Du, der Ge-
3. mir zu gut ge-trag'-ne Last,
du an mir be-wie-sen hast. } Laß mei-nen

1. Grö-ße dei-ner Pein Mir im-mer im Ge-
2. rech-te, starbst für mich, Wie preis' ich, Herr, wie
3. Glau-ben thä-tig sein, Und mir zum Gu-ten

1. dan-ken sein.
2. preis' ich dich!
3. Kraft ver-leih'n.

Zollikofer.

XXV. Von den zehn Geboten.

A. Erste Tafel.

1. Von der Liebe Gottes.

141.

Neuere Mel. Wer nur den lieben Gott läßt walten.

1. Du Brunn-quell al-ler rei-nen Lie-be,
Er-fül-le mich mit sol-chem Trie-be,
2. Da du mich als ein Va-ter lie-best,
Da du dein ei-gen Kind mir gie-best,
3. Gib, daß dein Geist, der Geist der Lie-be,
Daß ich mich stets im Lie-ben ü-be,
1. Der du mich je und je ge-liebt!
Daß dir mein Herz sich ganz er-gibt,
Und
2. Laß mich dich lie-ben als ein Kind;
So mach' mich dir auch gleich ge-sinnt;
Laß
3. Mein gan-zes Herz recht bren-nend macht,
Die-weil du mich so hoch ge-acht't,
Und
1. stets mit al-len Kräf-ten strebt, Daß es in
2. mich in Lie-be dir mich weih'n, Und mei-ne
3. mir dies theu-re Le-bens-pfand, Zum Trost der

1. dei-ner Lie-be lebt.
2. Lieb' in-brün-stig sein.
3. See-len, zu-ge-sandt.

Rheinische Tradition.

2. Von der Liebe zu Christo.

142.

Mel. Ich fasse Vater deine Hände.
1. Ich will dich lie - ben mei - ne Stär - ke! Ich will dich
2. Ich will dich lie - ben, o mein Le - ben! Als mei - nen
3. Ich will dich lie - ben, mei - ne Won - ne! Dich will ich
1. lie - ben mei - ne Zier! Ich will dich lie - ben mit dem
2. al - ler - be - sten Freund; Ich will dich lie - ben und er-
3. lie - ben mei - nen Gott; Ich will ohn' Lohn, du Gna-den-
1. Wer - ke Und im - mer - wäh - ren - der Be - gier, Und im - mer-
2. he - ben, So lan - ge mich dein Glanz bescheint, So lan - ge
3. son - ne, Dich lie - ben in der größ - ten Noth, Dich lie - ben
1. wäh - ren - der Be - gier; Ich will dich lie - ben, schön - stes
2. mich dein Glanz be - scheint. Ich will dich lie - ben, Got - tes-
3. in der größ - ten Noth; Ich will dich lie - ben, schön - stes
1. Licht! Bis mir das Herz im Ster - ben
2. Lamm! Als mei - nen See - len - bräu - ti-
3. Licht! Bis mir das Herz im Ster - ben
1. bricht, Bis mir das Herz im Ster - ben bricht.
2. gam, Als mei - nen See - len - bräu - ti - gam.
3. bricht, Bis mir das Herz im Ster - ben bricht. Scheffler.

143.

Mel. Herr und Aelt'ster deiner Kreuzgemeine.

1. Treu = er Hei = land! Hir = te dei = ner Scha = fe!
We = cke mich aus tie = fem Sün = den = schla = fe,
2. Ja, ich fühl's, dich muß ich wie = der lie = ben!
Län=ger kann's mein Herz nicht mehr verschieben,
1. Blick' auf dein ver = irr = tes Lamm!
Füh = re mich zum Kreuzesstamm.
D'ran du
2. Je und je hast du ge = liebt.
Daß es sich dir ganz er = giebt.
Ach, es
1. hängst, zu bü = ßen mei = ne Sün=den, Ew'=ges Lö = se=
2. ist kein O=pfer rei = cher Ga = ben,. Für es ist das
1. geld für mich zu fin = den, Um zu stil = len
2. dei = ne ja durch=gra=ben; Die = ses ar = me,
1. Got = tes Zorn Durch dein Blut, den Le = bens=born.
2. tod = te Herz Ist er=kauft durch dei=nen Schmerz.

Leopold Mohn.

144.

Mel. German Air.

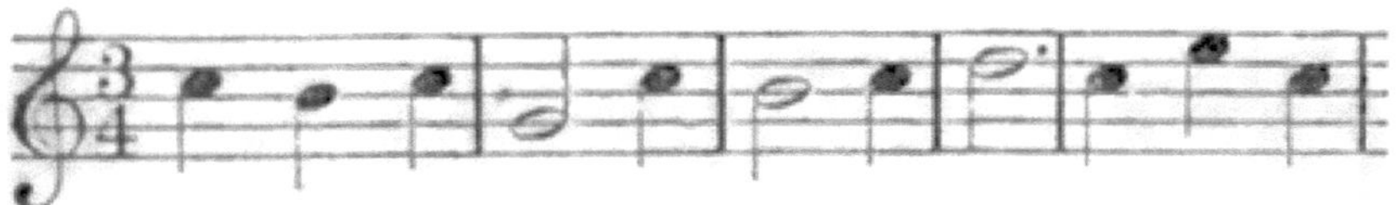

1. Du un - be - greif - lich höch-stes Gut, An wel-chem
2. Gleich wie ein Hirsch, wenn Durst ihn drückt, Durch frisches
3. Ich schrei' zu dir auch oh-ne Stimm'! Ich seuf - ze
4. Ein fri - sches Was - ser feh - let mir, Herr Je - su,
5. Wo bist du denn, o Bräu-ti-gam? Wo wei - dest
6. Ich kann nicht mehr, ich bin zu schwach, Ich schrei-e,

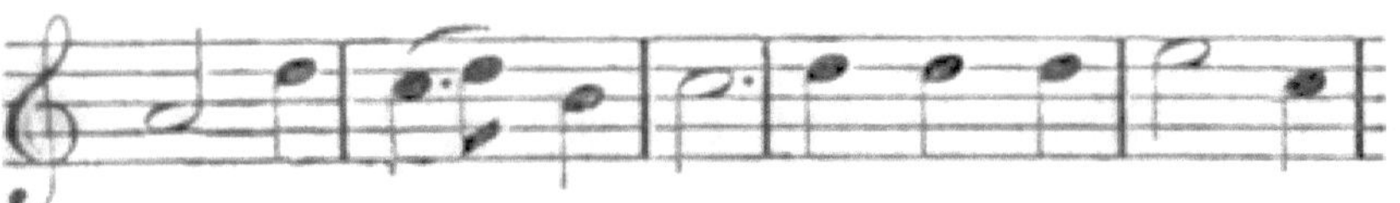

1. klebt mein Herz und Muth! Ich dürst', o Le - bens-
2. Was - ser wird er - quickt. So sei du, Herr, mein
3. nur: o Herr ver-nimm! Ver-nimm es doch, du
4. zeuch, zeuch mich nach dir: Nach dir ein gro - ßer
5. du, o Got - tes - lamm? An wel-chem Brünnlein
6. dürst' und ruf' dir nach: Laß mich doch bald er-

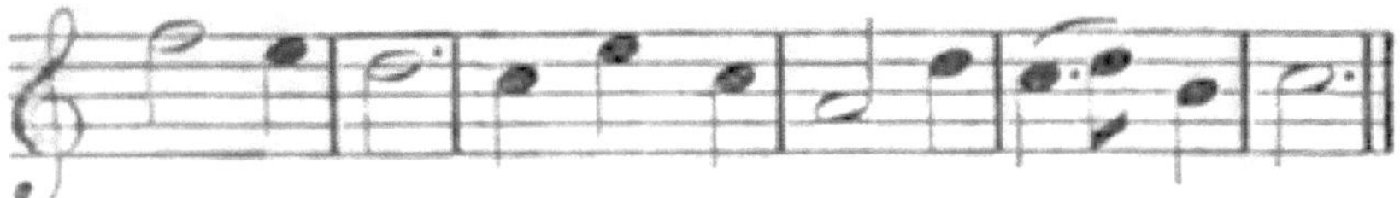

1. quell nach dir, Ach hilf, ach lauf', ach komm' zu mir.
2. See-len-trank; Er - qui - cke mich, denn ich bin krank.
3. Gna-den-quell, Und la - be mei - ne dür - re Seel'!
4. Durst mich treibt, Ach, wär' ich dir ganz ein - ver - leibt!
5. ru - hest du? Ich dür-ste, laß mich auch da - zu!
6. qui - cket sein, Du bist ja mein und ich bin dein.

Neander.

145.

Eigene Melodie.

1. Wenn ich ihn nur ha = = be, Wenn er mein nur
2. Wenn ich ihn nur ha = = be, Laß ich al = les
3. Wo ich ihn nur ha = = be, Ist mein Va=ter=
1. ist; Wenn mein Herz bis hin zum Gra = = be
2. gern, Folg' an mei=nem Wan = der = sta = = be,
3. land, Und es fällt mir je = de Ga = = be
1. Sei = ne Treu = e nie ver = gißt; Weiß ich
2. Treu = ge = sinnt, nur mei = nem Herrn; Las = se
3. Wie ein Erb = theil in die Hand. Längst ver=
1. nichts von Lei = de, Füh = le nichts als An = dacht,
2. still die An=dern Brei = te, lich = te, vol = le
3. miß = te. Brü=der Find' ich nun in sei = nen

1. Lieb' und Freu = de.
2. Stra = ßen wan = dern.
3. Jün = gern wie = der.

Novalis.

3. Von der Nachfolge Christi

146.

Mel. Seelenbräutigam.

1. Je - su, geh' vor - an Auf der Le - bens-bahn,
2. Sollt's uns hart er - geh'n, Laß uns fe - ste steh'n,
3. Rüh - ret eig'-ner Schmerz Ir-gend un - ser Herz,
4. Ord - ne un - sern Gang, Je - su, le-bens-lang!

1. Und wir wol - len nicht ver - wei - len Dir ge-
2. Und auch in den schwer-sten Ta - gen Nie - mals
3. Küm-mert uns ein frem - des Lei - den: O so
4. Führst du uns durch rau - he We - ge, Gib uns

1. treu - lich nach - zu - ei - len; Führ' uns an der
2. ü - ber La - sten kla - gen! Denn durch Trübsal
3. gib Ge - duld zu bei - den; Rich - te un - sern
4. auch die nöth'-ge Pfle - ge; Thu' uns nach dem

1. Hand Bis in's Va - ter - land!
2. hier Geht der Weg zu dir.
3. Sinn Auf das En - de hin.
4. Lauf Dei - ne Thü - re auf.

N. L. Zinzendorf.

147.

Mel. O Liebe, die den Himmel 2c.

1. Wie herr-lich ist's, ein Schäf-lein Chri-sti wer-
Kein höh-rer Stand ist auf der wei-ten Er-
2. Hier fin-det es die an-ge-nehm-sten Au-
Kein Au-ge kann die Ga-ben ü-ber-schau-
3. Wie läßt sich's da so froh und ru-hig ster-
Es darf sich nicht vor Höll' und Tod ent-fär-
1. den Und in der Huld des treu-sten Hir-ten
den, Als un-ver-rückt dem Lam-me nach-zu-
2. en, Hier wird ihm stets ein fri-scher Quell ent-
en, Die es all-hier in rei-cher Men-ge
3. ben, Wenn hier das Schaf im Schooß des Hir-ten
ben Sein treu-er Hirt hat Höll' und Tod be-
1. steh'n! geh'n. Was al-le Welt nicht ge-ben kann, Das
2. deckt; schmeckt, Hier wird ein Le-ben mit-ge-theilt, Das
3. liegt; siegt. Büßt gleich der Leib die Re-gung ein, So

1. trifft ein sol-ches Schaf bei sei-nem Hir-ten an.
2. un-auf-hör-lich ist und nie vor-ü-ber eilt.
3. wird die See-le doch kein Raub des Mo-ders sein.

Joh. Jac. Rambach.

148.

Eigene Melodie. (Bentley.)

1. Laßt die Kind - lein zu mir kom-men! Sprachst du,
2. Ja, ich möcht' dein Schäf-lein wer-den, Und auf
3. Oh - ne dich bin ich ver - las - sen, Oh - ne
4. Da - rum wen - de voll Er - bar - men Dich zum

1. gu - ter Kin - der-freund. Ich hab' auch dein Wort
2. dei - nen Flu - ren zieh'n, Wo für die er - wähl-
3. Frie-den, Trost und Licht; Und der Sün - de eit-
4. kran-ken Läm - me - lein, Trag' mich heim in dei-

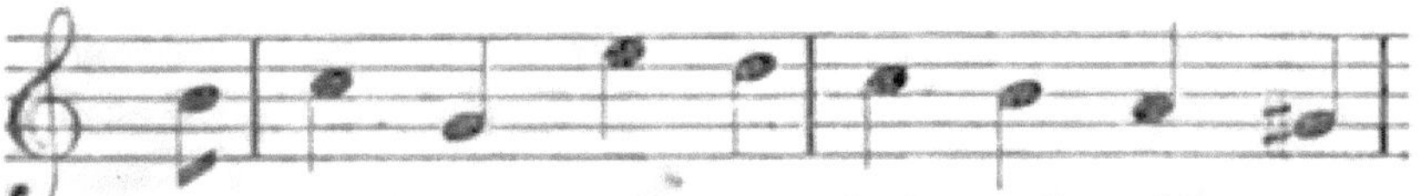

1. ver - nom - men, Und du hast auch mich ge-
2. ten Heer - den Ew' - ge Him - mels - blu - men
3. le Stra - ßen Lei - ten mich zur Ru - he
4. nen Ar - men, Laß mich e - wig bei dir

1. meint, Und du hast auch mich ge - meint.
2. blüh'n, Ew'-ge Him - mels - blu - men blüh'n.
3. nicht, Lei - ten mich zur Ru - he nicht.
4. sein, Laß mich e - wig bei dir sein.

L. Mohn.

4. Vom ersten Gebot.

Verlangen nach Christo.

149.

Mel. Pleyel's Hymn.

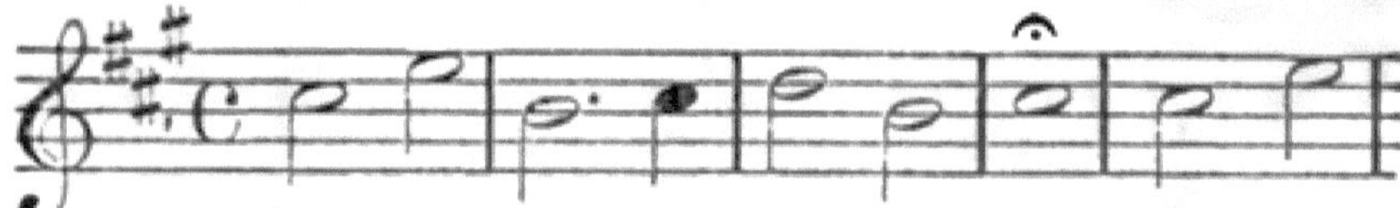

1. Je - su, Je - su, komm' zu mir! O wie
2. Tau-send - mal be - gehr' ich dein; Oh - ne
3. Kei - ne Lust ist in der Welt, Die mein
4. Herr du bist des Him-mels Licht! Wä - rest
5. Nimm nur al - les von mir hin, Was dir

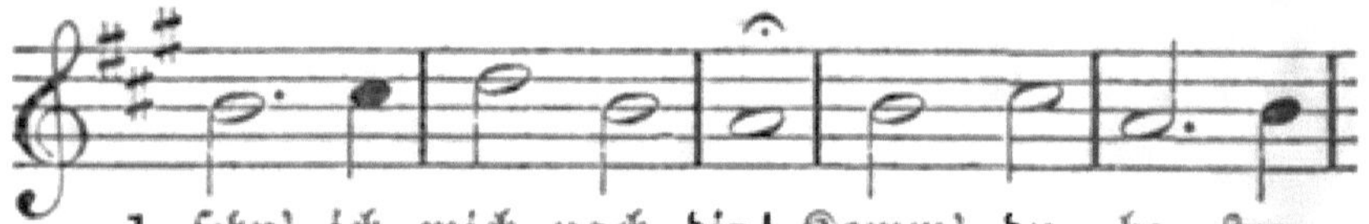

1. sehn' ich mich nach dir! Komm' du be - ster
2. dich ist al - les Pein; Tau - send - mal ruf'
3. Herz zu - frie - den stellt. Je - su, dei - ne
4. du im Him - mel nicht, Hätt' er für mich
5. ge - gen dei - nen Sinn; Herr-sche ganz al-

1. See-len-freund! Wann werd' ich mit dir ver - eint?
2. ich zu dir: Je - su, Je - su, komm' zu mir!
3. Lieb' al - lein Kann mein ar - mes Herz er - freu'n!
4. kei-nen Schein, Möcht' ich nicht da - rin - nen sein.
5. lein in mir! Mach' mich ganz zur Freu - de dir!

Angelus.

Hoffnung und Vertrauen.

150.

Eigene ältere Melodie.

1. Wer nur den lie - ben Gott läßt wal - ten,
Den wird er wun - der - bar er - hal - ten
2. Was hel - fen uns die schwe - ren Sor - gen,
Was hilft es, daß wir al - - le Mor - gen
3. Zu Gott sei dei - ne See - le stil - le,
Er - war - te wie sein Gna - den - wil - le

1. Und hof - fet auf ihn al - le - zeit,
In al - ler Noth und Trau-rig - keit, } Wer
2. Was hilft uns un - ser Weh und Ach?
Be - seuf - zen un - ser Un - ge - mach? } Wir
3. Und stets mit sei - nem Rath vergnügt;
Zu dei - nem Wohl - er - geb'n es fügt. } Gott,

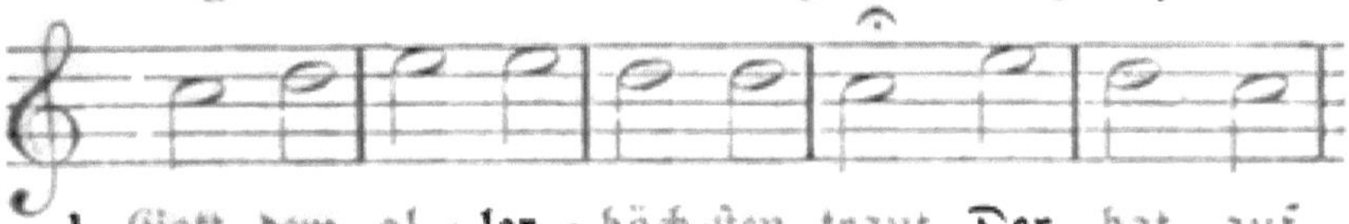

1. Gott, dem al - ler - höch - sten, traut, Der hat auf
2. ma - chen un - ser Kreuz und Leid Nur grö - ßer
3. der uns ihm hat aus - er - wählt, Der weiß am

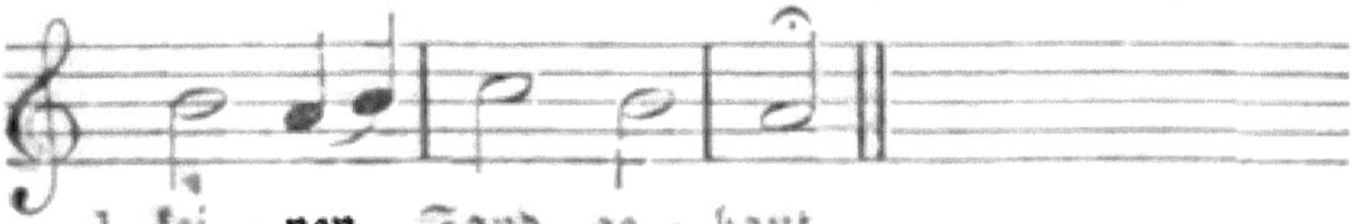

1. kei - nen Sand ge - baut.
2. durch die Trau - rig - keit.
3. be - sten, was uns fehlt.

Neumark.

151.

Eigene Melodie.

1. Be=fiehl du dei=ne We=ge Und was dein
Der al=ler=treu=sten Pfle=ge Deß, der den
2. Dem Herrn mußt du ver=trau=en, Wenn's dir soll
Auf sein Werk mußt du schau=en, Wenn dein Werk
3. Mach' End', o Herr, mach' En=de, Von al=ler
Stärk' uns're Füß' und Hän=de, Und laß bis
1. Her=ze kränkt, Him=mel lenkt, } Der Wol=ken, Luft und Win=
2. wohl=er=geh'n, soll be=steh'n. } Mit Sor=gen und mit Grä=
3. uns'=rer Noth, in den Tod } Uns all'=zeit dei=ner Pfle=

1. den Gibt We=ge, Lauf und Bahn, Der wird auch
2. men Und mit selbst=eig'=ner Pein Läßt Gott sich

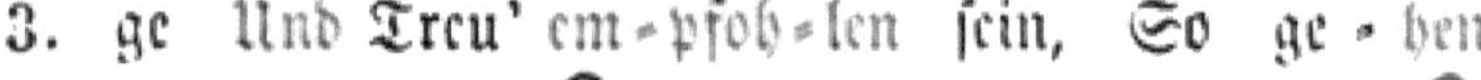
3. ge Und Treu' em=pfoh=len sein, So ge=hen

1. We=ge fin=den, Da dein Fuß ge=hen kann.
2. gar nichts neh=men, Es muß er=be=ten sein.
3. uns're We=ge Ge=wiß zum Him=mel ein.

Paul Gerhardt.

152.

Eigene Melodie.

1 Wirf Sor - gen und Schmerz In's lie-
2. Wenn Kum - mer dich quält, Wenn al-
3. Er leich - tert die Last Voll Mit-
4. Mild ist er und weich; Sein Se-
5. Er schützt dich und wacht, D'rum laß
6. So lei - de jetzt gern! Bei'm freund-
1. ben - - de Herz Des mäch - tig dir
2. les dir fehlt, So fle - he zu
3. leid, und faßt Und hebt sie mit
4. gen macht reich, Sein Wort gibt dir
5. dich die Nacht Des Lei - dens und
6. li - - chen Herrn Er - qui - cken dich

1. hel - fen - den Je - - sus!
2. dei - nem Er - bar - mer!
3. mäch - ti - gen Hän - den.
4. himm - li - schen Frie - den.
5. To - des nicht schre - cken!
6. Strö - me der Won - ne.

Gehorsam.

153.

Mel. Herzlich thut mich verlangen.

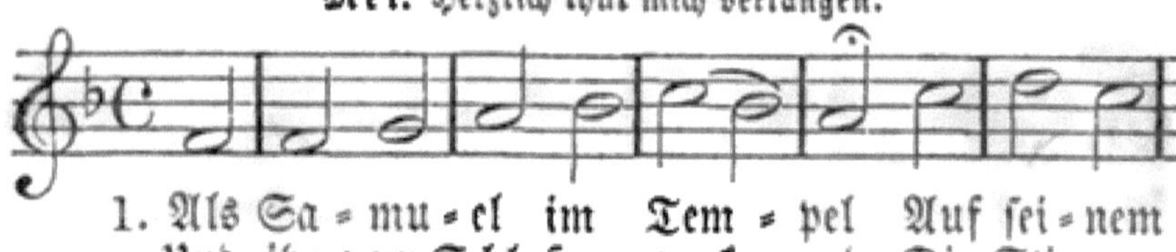

1. Als Sa = mu = el im Tem = pel Auf sei = nem
Und, ihn vom Schlaf er = weck = end, Die Stim=me
2. O möch = ten al = le Kin = der Sich so dem
Wie Sa = mu = el, der Kna = be, Und ihm ge=
3. Herr Je = su, der du sel = ber Ge = hor = sam
Ja bis zum Tod am Kreu = ze! Mach' mich auch

1. Bett=lein schlief; Got = tes rief, } Sprach er, dem Herrn ge = wei=
2. Hei=land weih'n! hor = sam sein! } Daß, wenn sein Wort sie hö=
3. warst als Kind; so ge = sinnt! } O, halt' mich von den Sün=

1. het Zum Dienst an die = sem Ort: „Herr, re = = de!
2. ren, Auch thun was er ge = beut; Und ihm al=
3. den Des Un = ge = hor = sams rein, Daß ich dir

1. dein Knecht hö = ret;" Und that nach sei=nem Wort.
2. lein zu die = nen, Ihr Her = ze sei be = reit.
3. so er = ge = ben, Wie Sa = mu = el mög' sein!

Leopold Mohn.

Jesus allein.

154.

Mel. Meinen Jesum lass' ich nicht.

1. See - - le, was er - müd'st du dich
Die doch bald ver - zeh - - ren sich
2. Samm - le den zer - streu - ten Sinn,
Richt' ihn stets zum Him - mel hin,
3. Du ver - langst oft sü - - ße Ruh',
Eil' zur Le - bens - quell' hin - zu,
4. Laß dir sei - - ne Ma - - je - - stät
Laß mit brün - sti - gem Ge - - bet
1. In den Din - gen die - ser Er - - den,
Und zu Staub und A - sche wer - - den?
2. Laß ihn sich zu Gott auf - schwin - gen,
Laß ihn in die Gnad' ein - drin - gen,
3. Dein be - trüb - tes Herz zu la - - ben;
Da kannst du sie reich - lich ha - - ben;
3. Im - mer - dar vor Au - gen schwe - ben,
Sich dein Herz zu ihm er - he - - ben;
1. Su - che Je - sum und sein Licht, Al - les
2. Su - che Je - sum rc. (ist bei jedem Vers zu singen.)
1. An - d're hilft dir nicht!
Wolf.

155.

Eigene Melodie.

1. Geht ihr Strei - ter Im - mer wei - ter Durch's Ver-
Aus - er - kor - ne, Hoch - ge - bor - ne, Stands-ge-
2. Geld und Gü - ter, Der Ge - mü - ther Güld'- ne
Lobt und schmeichelt, Bückt und heu-chelt, Lä - stert
3. Un - ser Seh - nen, Uns're Thrä-nen, Trö - sten
Könnt ihr se - hen Und ver - ste - hen Die ver-

1. läug - nen zum Ge - nuß; } Wenn ihr Je - su
mäß man wan-deln muß.
2. Strick und Fes - seln sind. } Sü - ßes Gift sind
auch—es ist nur Wind.
3. mehr als eu - re Freud'. } Ihr würd't eu - rem
borg' - ne Se - lig - keit.

1. Braut wollt werden, Werft den Kin - dern die - ser
2. eu - re Lü - ste, Auf dem Staat- und Prunk - ge
3. Kram ent - lau - fen Und mit dem ver-schmäh-ten

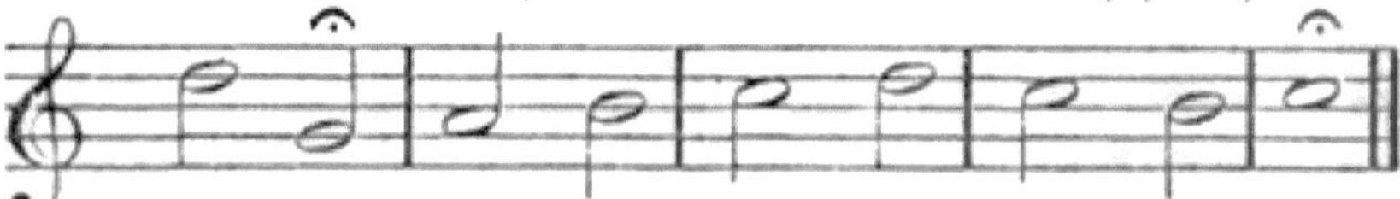

1. Er - den Ih - ren ar - men Tand zu Fuß.
2. rü - ste Man nur glän - zend E - lend find't.
3. Hau-fen Wan - dern nackt zur E - wig - keit.

Tersteegen.

5. Vom zweiten Gebot.

156.

Mel. O Gott du frommer Gott.

1. Je - ho - vah „ist ein Geist," — Willst du ihn
Mußt du „in Wahr-heit" nur — „Im Gei - ste"
2. Wie thö - richt han - delt der, Der Gott im
Und den Un - end - li - chen In Holz und
3. Ach Gott! gib uns die Gnad', Im Geist dich
Und hilf uns im - mer - dar Dem Gö - tzen-
1. recht „an - be - ten,"
vor ihn tre - ten.
„Wahr - haf - tig" be - tet
2. Bild will eh - ren,
Stein ver - keh - ren!
„Der Mei - ster gießt ein
3. zu ver - eh - ren,
dien - ste weh - ren;
Gib, daß durch Wort und
1. der, Der Gott im Geist ver - ehrt; Und den er-
2. Bild" — O wel - che, wel - che Schand'! Und Gott und
3. Geist Dich Je - der-mann recht kennt; Gib, daß sich
1. hö - ret er, Der so sich zu ihm kehrt!
2. Je - sum Christ Hängt er an ei - ne Wand!
3. je - de Seel' Von al - len Gö - tzen trennt.

J. C. Gultin.

6. Vom dritten Gebot.

157.

Mel. Mein Herzens-Jesu, meine Lust.

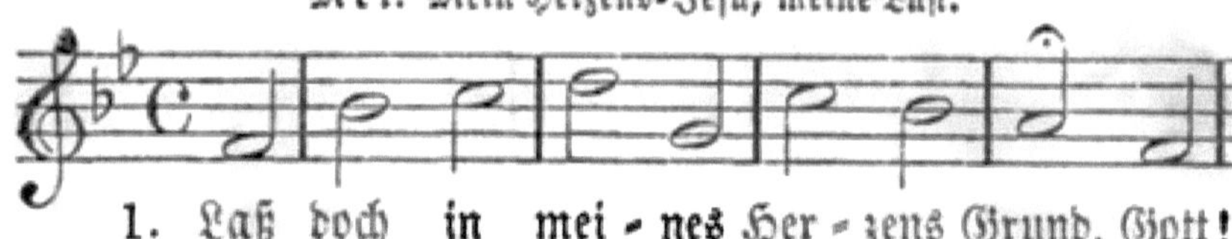

1. Laß doch in mei - nes Her - zens Grund, Gott!
So werd' ich auch in mei - nem Mund, Herr!
2. Groß, ma - je - stä - tisch ist der Herr! Im
Soll sei - nes gro - ßen Na - mens Ehr' Tief
3. Herr! laß voll Ehr - er - bie - tig - keit Uns
Wer dei - nen Na - men kind - lich scheut, Wird

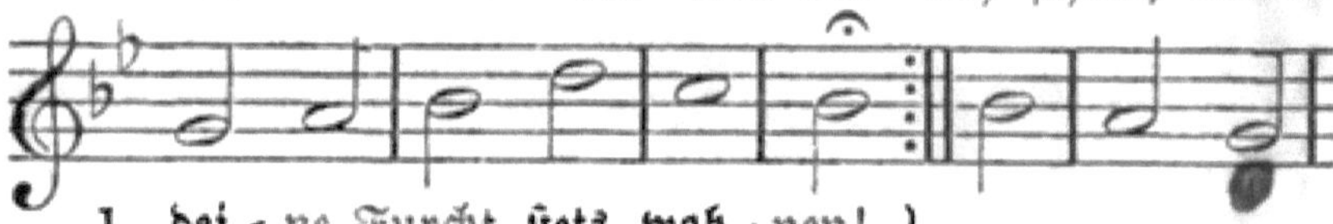

1. dei - ne Furcht stets woh - nen!
dei - nes Na - mens scho - nen,
} Und ihn auf
2. Him-mel und auf Er - den
an - ge - be - tet wer - den.
} Wer sei - nes
3. dei - ner stets ge - den - ken.
sei - ne Zun - ge len - ken,
} Daß sie sich

1. kei - ne Weis' ent-weih'n, Ihn a - ber ehr - er-
2. Na - mens Hei - lig - keit Durch fre - che Lä - ste-
3. nicht zum Fluch u. Schwur, Zu dei - ner Ehr' zum

1. bie - tig scheu'n, Und nie den - sel - ben lä - stern.
2. rung ent-weiht, Den tref - fen sei - ne Stra - fen.
3. Gu - ten nur, Nach dei - nem Wil-len re - ge.

Rheinische Tradition.

Der Eid.

158.

Mel. O Ewigkeit, du Donnerwort.

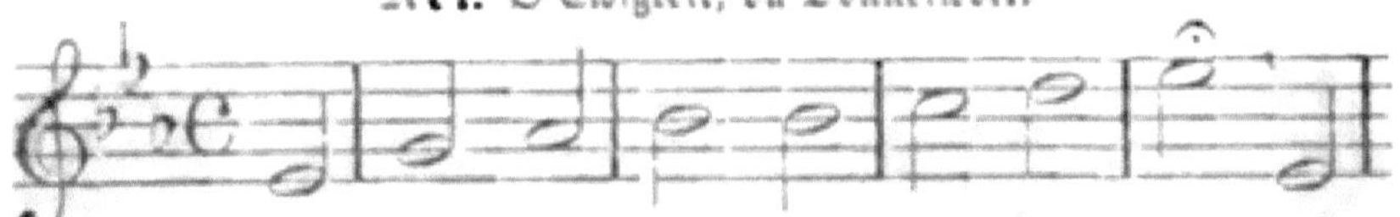

1. Gott! wenn ich schwö - rend vor dir steh', Dir
Wenn ich zum Zeu - gen fei - er - lich An-
2. Gott! leh - re mich bei je - dem Eid Aus
Be-schwör' ich hei - lig Amt und Pflicht, So

1. in dein hei - lig Ant - litz seh', Die Hand zum
ru - fe, Hoch - er - hab' - ner, dich, Durch den ich
2. Furcht vor dei - ner Hei - lig - keit, Die Wahr-heit
laß mich auch im Klein-sten nicht Die theu - re

1. Him - mel he - be, / bin und le - be: } Dann sei von
2. pünkt - lich spre - chen. / Zu - sag' bre - chen! } Auch dir, Gott,

1. Trug und Heu - che - lei Mein Herz und mei - ne
2. schwur ich treu zu sein: Er - halt' mich e - wig,

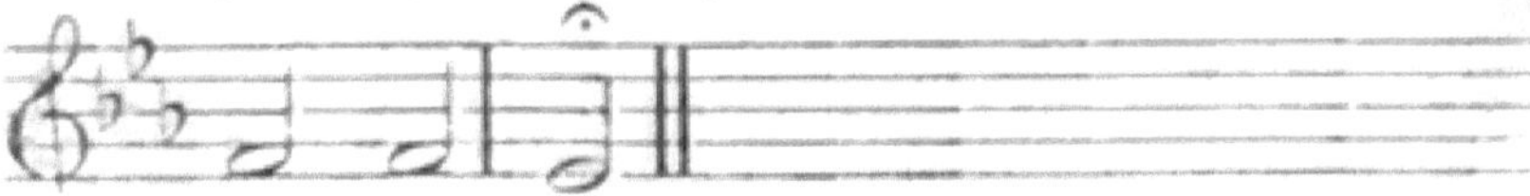

1. Zun - ge frei.
2. e - - wig dein.

J. D. C. Bickel.

7. Vom vierten Gebot.

159.

Mel. Harwell.

1. Hal - le - lu - ja schö - ner Mor-gen! Schö - ner

2. Sü - ßer Ru - he - tag der See - len! Sab-bath,

3. Ruht nur, mei - ne Welt - ge - schäf - te. Heu - te

1. als man den - ken mag; Heu - te fühl' ich kei - ne

2. der voll Lich - tes ist; Hel - ler Tag der dunk-len

3. hab' ich sonst zu thun; Denn ich brau-che al - le

1. Sor-gen; Denn das ist ein lie - ber Tag, Der durch

2. Höh - len, Zeit in der der Se - gen fließt, Stun-de

3. Kräf - te In dem höchsten Gott zu ruh'n. Heut' schickt

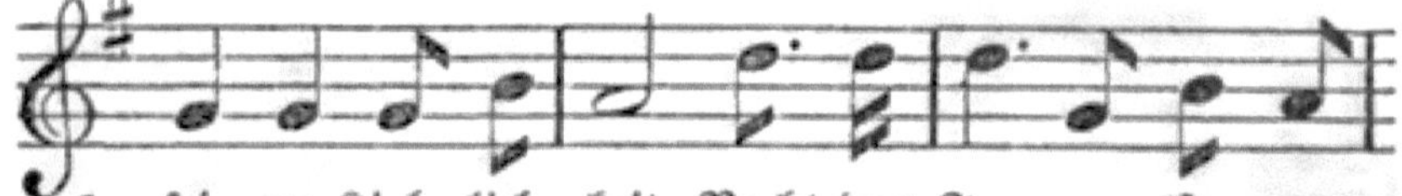

1. sei - ne Lieb-lich - keit Recht das In - ner - ste er-

2. vol-ler Se - lig - keit! Du ver-treibst mir al - les

3. kei - ne Ar-beit sich Als nur Got - tes Werk für

1. freut.

2. Leid.

3. mich.

Krause.

160.

Mel. Schmücke dich, o liebe Seele.

1. Zei - ge dich uns oh - ne Hül - le! Ström' auf
Daß, o Herr, an dei - nem Ta - ge Un - ser
2. O, daß wir ent - la - den wür - den, Von der
Und das Herz, an Sinn und Wil - le, Sanft wie
1. uns der Gna - den Fül - le!
Herz der Welt ent - sa - ge
Daß wir uns zu
2. Er - de schwe - ren Bür - den,
die - se Sab - bath - stil - le!
Daß aus dei - nes
1. dir er - he - ben, Durch die Macht die dir ge-
2. Him-mels Hö - hen Wir des Lich - tes Auf-gang
1. ge - ben; Daß die glau - ben - de Ge - mei-
2. sä - hen, Das uns völ - lig einst ver - klä-
1. ne Mit dem Va - ter sich ver - ei - ne.
2. ret, Wann der Sab - bath e - wig wäh - ret.

F. G. Klopstock.

161.

Mel. Herr Jesu Christ, dich zu uns wend'.

1. Mein Gott, die Son - ne geht her - für, Sei du die
2. Mein er - stes O - pfer ist dein Ruhm, Mein Herz ist
3. Gib, daß ich mei - nen Fuß be - wahr', Eh' ich mit
4. Be - rei - te mir Herz, Mund und Hand, Und gib mir
5. Hilf, daß ich die - sen gan - zen Tag Mit Leib und
6. So geh' ich denn mit Freu - den hin, Wo ich bei

1. Son - ne selbst in mir, Die Son - ne der Ge-
2. selbst dein Ei - gen - thum; Ach keh - re gnä - dig
3. dei - ner Kir - chen-schaar Hin- auf zum Hau - se
4. Weis-heit und Ver - stand, Daß ich dein Wort mit
5. See - le fei - ern mag; Be-wahr' mich vor der
6. dir zu Hau - se bin; Mein Herz ist wil - lig

1. rech - tig - keit Ver - treib' der Sün - den Dun - kel - heit.
2. bei mir ein, Du mußt dir selbst den Tem-pel weih'n.
3. Got - tes geh', Daß ich da hei - lig vor dir steh'.
4. An-dacht hör', Zu dei - nes gro - ßen Na-mens Ehr'.
5. ar - gen Welt, Die dei - nen Sab - bath sünd-lich hält.
6. und be - reit, O hei - li - ge Drei - ei - nig - keit.

Schmolke.

162.

Eigene Melodie.

Glo - cken - ton, du ern - ster Klang,
Schallst die gan - ze Stadt ent - lang, Ru - fest
al - len nah' und fern: Hört, hört, hört heut' ist der
Tag des Herrn! Hört, heut' ist der Tag des Herrn!
Ehrt ihn, kommt zur Kir-che gern! Glo-cken-ton, wie
lieb' ich dich! Glo - cken - ton, wie lieb' ich dich,
Freu' auf dei - ne Stim - me mich!

Unbekannt.

163.

Mel. Nun ruhen alle Wälder.
1. Der Sab = bath ist ver = gan = gen, Ich
2. Gott ruht durch's Wort im Her = zen, D'rum
3. Ich schla = fe ganz in Frie = den, Denn
1. ha = be mein Ver = lan = gen Nach Her = zens=
2. leg' ich oh = ne Schmer=zen Auch mei = nen
3. mich be = schützt hie = nie = den Ja dei = ner
1. wunsch er = füllt; Gott hat mich treu be = leh=
2. Leib zur Ruh'; Ich fürch = te kei = nen Scha=
3. En = gel Heer. Mich stört kein Welt = ge = tüm=
1. ret, Mit Le = bens = brod ge = näh = ret, Und
2. den, Du siehst auf mich in Gna = den, Mit
3. mel, Ich denk' an dei = nen Him = mel, O
1. mei = ner See = le Durst ge = stillt.
2. dir schließ' ich die Au = gen zu.
3. wer doch nur bald dro = ben wär'!

Schmolke.

B. Zweite Tafel.

1. Nächstenliebe.

164.

Mel. Mir nach, spricht Christus unser Held.

1. So Je-mand spricht: „Ich lie-be Gott," Und
Der treibt mit Got-tes Wahr-heit Spott Und
2. Wir ha-ben ei-nen Gott und Herrn, Sind
D'rum die-ne dei-nem Näch-sten gern, Denn
3. Ein Heil ist un-ser al-ler Gut; Ich
Die Gott durch sei-nes Soh-nes Blut So
1. haßt doch sei-ne Brü-der,
reißt sie ganz dar-nie-der. Gott
2. ei-nes Lei-bes Glie-der;
wir sind al-le Brü-der. Gott
3. soll-te Brü-der has-sen,
doch er-kau-fen las-sen? Daß
1. ist die Lieb und will, daß ich Den Näch-sten
2. schuf die Welt nicht bloß für mich, Mein Näch-ster
3. Gott mich schuf und mich ver-söhnt, Hab' ich dieß
1. lie-be gleich als mich!
2. ist sein Kind wie ich.
3. mehr als sie ver-dient?

Gellert.

165.

Mel. Herr und Aelt'ster deiner Kreuzgemeine.

1. O ihr Frie-dens-kin-der, laßt euch bit-ten,
Dann geht's freund-lich zu in un-sern Hüt-ten,
2. Wer ge-ring und nie-drig von sich den-ket,
Wer den An-dern gern den Vor-zug schen-ket,

1. Habt ein-an-der herz-lich lieb!
Denn die Lie-be ist der Trieb.
} Ja, wenn
2. Dem fällt's Lie-ben nie-mals schwer;
Des-sen Herz liebt im-mer mehr.
} Ach, es

1. wir in un-sern Gna-den-ta-gen Eins dem an-dern
2. ist zu wah-ren Freundschaftstrieben Und zu dem ge-

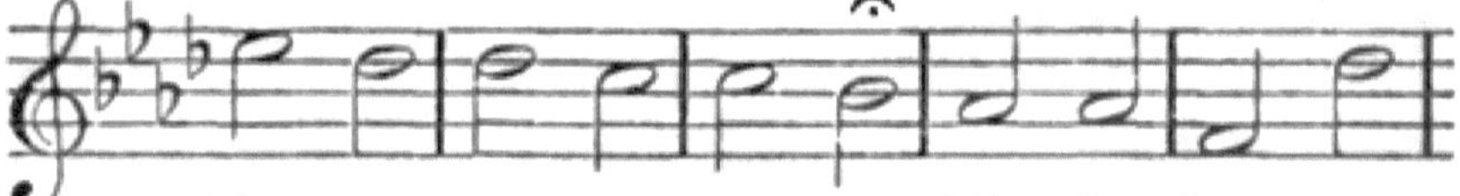

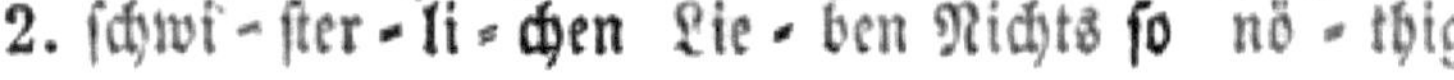

1. nichts ent-ge-gen tra-gen Als ein Herz von
2. schwi-ster-li-chen Lie-ben Nichts so nö-thig

1. Lie-be voll, Dann thut Je-des was es soll.
2. je-der-zeit Als die Her-zens-nie-drig-keit.

Unbekannt.

2. Vom fünften Gebot.

166.

Eigene Melodie.

1. O se - lig Haus, wo man dich auf-ge-nom-men,
Wo un - ter al - len Gä - sten die da kom-men,
2. O se - lig Haus, wo man die lie - ben Klei-nen
Du Freund der Kin - der, der sie als die Sei-nen

1. Du wah - rer See - len-freund, Herr Je-su Christ,
Du der ge - fei - ert - ste und lieb - ste bist.
2. Mit Hän - den des Ge - bets an's Herz dir legt;
Mit mehr als Mut - ter - lie - be hegt und pflegt,

1. Wo Al - ler Her - zen dir ent - ge - gen schla-gen,
2. Wo sie zu dei - nen Fü - ßen gern sich sam-meln

1. Und al - ler Au - gen freu - dig auf dich seh'n,
2. Und hor-chen dei - ner sü - ßen Re - de zu,

1. Wo Al - ler Lip - pen dein Ge - bot er - fra - gen,
2. Und ler - nen früh dein Lob mit Freuden stammeln,

1. Und Al - le dei - nes Wink's ge - wär - tig steh'n.
2. Sich dei - ner freu'n, du lie - ber Hei - land du.

K. J. Ph. Spitta.

167.

Mel. Mir nach! spricht Christus unser Held.

1. O Herr, mein Va-ter, dein Ge - bot Sei mir in's
„Den El - tern sollst du bis zum Tod Ge - hor - chen
2. Von mei - ner er - sten Kind-heit an Er - zeig - ten
Mehr als ich je ver - gel - ten kann, Er - zeig - ten
3. Nun, weil ich le - be, will ich sie Auch wie - der
Gern ih - nen fol - gen und sie nie Er - zür - nen

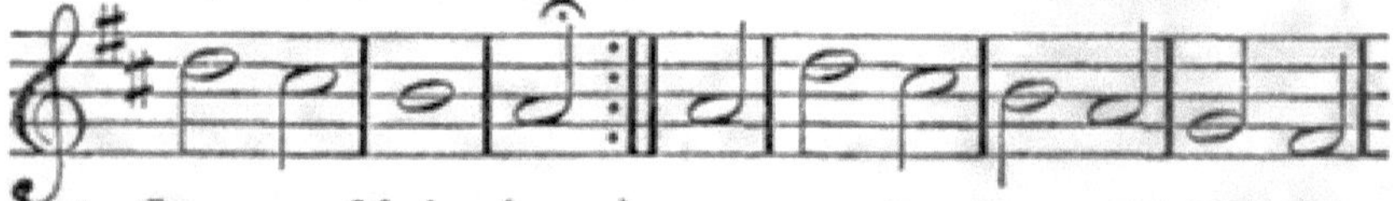

1. Herz ge - schrie - ben: und sie lie - ben." } O, die - ser lie - ben, theu-ren
2. sie mir Gu - tes; sie mir Gu - tes. } Noch im-mer sind sie für ihr
3. zärt - lich lie - ben; noch be - trü - ben; } So werd' ich ih - re Freu-de

1. Pflicht Ver - ges - se mei - ne See - le nicht.
2. Kind So zärt - lich und so gut ge - sinnt.
3. sein, Und einst, o Gott, auch e - wig dein!

Rheinische Tradition.

3. Vom sechsten Gebot.

168.

Mel. Herr Jesu Gnadensonne.

1. Dein Herz, Herr Je - su, kla - get Sehr
Du bist's, der deut - lich sa - get, Daß
2. Re - gie - re mei - ne Sin - nen, Daß
Ein bö - ses Werk be - gin - nen, Wenn
3. Laß mich nicht Feind-schaft tra - gen, Laß
Der Welt dir, Je - su! kla - gen; Laß
1. ü - ber Haß und Neid;
die die Se - lig - keit
Dort nicht er-
2. Zorn und Ra - che nicht
mir Ver - druß ge - schieht.
Laß mich nur
3. mich den Haß und Neid
mich zu je - der Zeit
Den seg - nen,
1. lan - gen mö - gen, Die Haß und Feind-schaft
2. dei - nen Wil - len In al - lem treu er-
3. der mir flu - chet, Den lie - ben, der da
1. he - gen, Und un - ver - söhn - lich sind.
2. fül - len, Gib Sanft-muth und Ge - duld.
3. su - chet Mein Un - glück und Ver - druß.

Rheinische Tradition.

4. Vom siebenten Gebot.

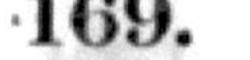

Mel. Es ist das Heil uns kommen her.

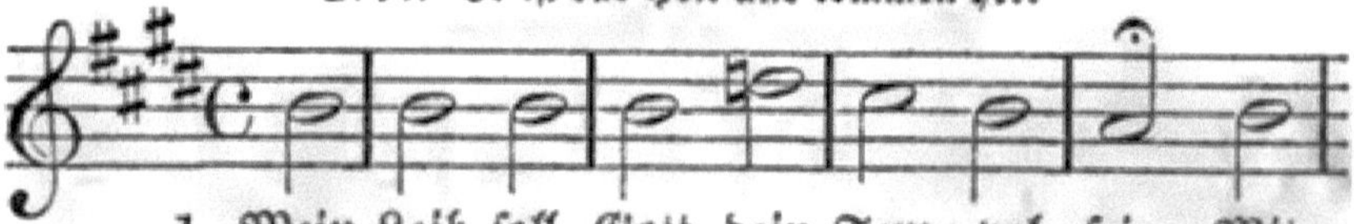

1. Mein Leib soll, Gott, dein Tem = pel sein, Mit
Ihn soll ich dir zum Dien=ste weih'n, Zum
2. Gib ei = ne keu = sche See = le mir, Daß
Nie frev'=le, daß er im = mer dir, O
3. Auch mei = ne Lip = pen schän = de nie Was
Nie laß der Un=schuld Rech = te sie Durch

1. al = len sei = nen Glie = = dern, }
Dienst auch mei=nen Brü = = dern. } Gib, daß ich
2. ich mit mei = nem Lei = = be }
Gott, ge = hei = ligt blei = = be, } Daß rein und
3. schänd=lich ist zu hö = = ren; }
fre = che Scherz' ent = eh = = ren. } Be=stimmt zum

1. dieß dein Hei = lig=thum Für sie, und zwar für
2. keusch mein Au = ge sei, Und sitt = sam, daß ich's
3. O = pfer des Ge=bets, Und dei = nes Lo = bes

1. dei=nen Ruhm Stets un = be = fleckt be = wah = re.
2. im = mer frei Zu dir er = he = ben kön = ne.
3. re = de stets Mein Mund was nützt und bes = sert.

Alt Reformirtes Gesangbuch.

5. Vom achten Gebot.

170.

Mel. Hamburg.

1. Fern sei mein Le - ben je - der - zeit Von al - ler
2. Wer sei - nes Näch-sten Rech-te kränkt, Auf sei-nen
3. Das Haus des Die - bes ist ver-flucht, Wird hier schon
4. Wer An-dern Scha - den einst ge-than, Und ir - gend
5. Er kann nicht wah - re Bu - ße thun, Dein Se-gen

1. Un - ge - rech - tig - keit; Wie könnt' ich Got - tes
2. Scha - den bos - haft denkt, Ver - le - tzet des Ge-
3. stren - ge heim - ge - sucht; Und dort ver - ur-theilt
4. ihn er - stat - ten kann, Doch deß sich wei - gert,
5. kann nicht auf ihm ruh'n, Eh' er das Un-recht,

1. Freund sonst sein, Und sei - ner Gna - de mich er-freu'n?
2. wis - sens Pflicht Und ehrt den Gott der Lie - be nicht.
3. dein Ge - richt Den un - ge - rech - ten Bö - se - wicht.
4. fin - det nicht Vor dir Er - bar - men im Ge-richt.
5. das er that, Nach Mög-lich-keit er - se - tzet hat.

C. H. Heeren.

6. Vom neunten Gebot.

171.

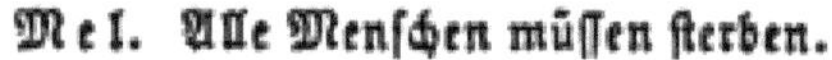
Mel. Alle Menschen müssen sterben.

1. Laß mich, Höch=ster! dar=nach stre=ben, Stets der
Je=nes freu=den=vol=le Le=ben Nimmt kein
2. Schmäht mich oh=ne mein Ver=schul=den Der Ver=
Herr! so laß mich's still er=dul=den; Einst wird

1. Wahr=heit Freund zu sein;
fre=cher Lüg=ner ein; } Wahr=heit leit' an
2. läum=der Lä=ster=mund;
doch die Wahr=heit kund. } Darf ich ja nicht

1. al=len Or=ten Mich in Wer=ken und in
2. län=ger schwei=gen, Mei=ne Un=schuld zu be=

1. Wor=ten; Red=lich sei des Her=zens Grund,
2. zei=gen, O so gib, daß stets da=bei

1. Red=lich sprech' auch stets der Mund.
2. Herz und Mund voll Sanft=muth sei.

Dr. Bruhn.

7. Vom zehnten Gebot.

172.

Mel. des 38. Psalms.

1. Dein Ge - setz, Herr! se - - tzet Schran - ken
2. Lü - ste, die im Herz auf - stei - gen,
3. Laß aus dem Ge - setz mich se - hen,
1. Den Ge - dan - ken, Nicht der äuf - sern
2. Und es nei - gen Zu der Sünd', sind
3. Und ver - ste - hen Wie ver - derbt ich
1. That al - lein: Was wir re - den, thun und
2. schon ver-dammt; Un - ser Herz soll ha - ben
3. vor dir sei; Daß ich ei - le, den zu
1. sin - nen Und be - gin - nen, Soll dir
2. Lie - be, Lust und Trie - be Zu dem
3. fin - den, der von Sün - den Und Ver-
1. Al - les dienst - bar sein.
2. Gu - ten ins - ge - sammt.
3. damm - niß ma - chet frei.

Altes Reformirtes Gesangbuch.

8. Von der Treue und Beständigkeit.

173.

Eigene Melodie.

1. „Sei ge = treu bis in den Tod, Sei ge-
2. „Sei ge = treu bis in den Tod, Sei ge-
3. „Sei ge = treu bis in den Tod, Sei ge-
1. treu bis in den Tod!“ See = le, laß dich
2. treu bis in den Tod!“ Siehst du nicht die
3. treu bis in den Tod!“ Dir, o Je = su,
1. kei = = ne Pla = gen Von dem Kreu=ze Je = su
2. Kro = ne glän = zen? Schwinge dich zu je = = nen
3. treu ver = blei = ben, Du wollst mir in's Her = ze
1. ja = gen! Lei = de wil = lig al = le Noth!
2. Grän = zen Wo das Lamm die Hand dir bot,
3. schrei = ben, Was dein treu = er Mund ge = bot:
1. 2. 3. „Sei ge = treu bis in den Tod!“

Unbekannt.

XXVI. Vom Tode.

1. Im Allgemeinen.

174.

Eigene Melodie.

1. Chri-stus der ist mein Le - - ben, Und
2. Mit Freud' werd' ich ent - nom - - men Von
3. Nun hab' ich ü - ber - wun - den Kreuz,
4. Wenn mei - ne Kräf - te bre - - chen, Mein
5. Als - dann fein sanft und stil - - le, Herr,
6. Ach laß mich, gleich den Re - - ben, An

1. Ster - ben mein Ge-winn; Dem will ich mich er-
2. al - ler Angst und Pein, Zu Chri - sto werd' ich
3. Lei - den, Angst und Noth; Durch sei - ne heil' - gen
4. O - dem geht schwer aus, Und ich kein Wort kann
5. laß mich schla - fen ein, Nach dei - nem Rath und
6. dir fein al - le Zeit, Und e - wig bei dir

1. ge - ben, Mit Freud' fahr' ich da - hin.
2. kom-men, Und e - wig bei ihm sein.
3. Wun-den Bin ich ver-söhnt mit Gott.
4. spre-chen, Herr, nimm mein Seufzen auf!
5. Wil - len, Und dir be - foh - len sein.
6. le - ben In dei - ner Him-mels-freud'.

S. Graf.

175.

Eigene Melodie.

1. Wie sie so sanft ruhn, Al = le die
2. Du Gott = ver = söh = ner! Ward'st auch in's
3. O, wenn auch wir ruh'n, Wie all' die
1. Se = li = gen, Die mu = thig kämpf = ten
2. Grab ge = senkt; Da du am Kreu = = ze
3. Se = li = gen, Auch hier be = stan = = den
1. den gro = ßen Le = bens=kampf. Wie sie so
2. hat = test für uns voll=bracht. Nicht zum Ver=
3. den schwe = ren Le = bens=kampf, Dann wirst Er=
1. sanft ruh'n In den Grä = bern, Bis sie als
2. we = sen Lagst du, Heil' = ger, Als gro = ßer
3. lö = ser, Du uns ru = fen Aus un = sern
1. Sie = ger er = we = cket wer = den.
2. Sie = ger er=stand'st du wie = der!
3. Grä = bern zur Sie = ges = fei = er.

F. G. Klopstock. ?

176.

Eigene Melodie.

1. Auf - er - steh'n, ja auf - er - steh'n wirst du, Mein
2. Wie - der auf - zu-blüh'n werd' ich ge - sä't; Der
3. Tag des Danks, der Freu-den-thrä-nen Tag! Du
4. Wie den Träu-men-den wird's dann uns sein; Mit
5. Ach, in's Al - ler - hei - lig - ste führt mich Mein

1. Staub, nach kur - zer Ruh'. Un - sterb - lich Le-
2. Herr der Ern - te geht, Und sam - melt Gar-
3. mei - nes Got - tes Tag! Wann ich im Gra-
4. Je - su geh'n wir ein Zu sei - nen Freu-
5. Mitt - ler; dann leb' ich Im Hei - lig - thu-

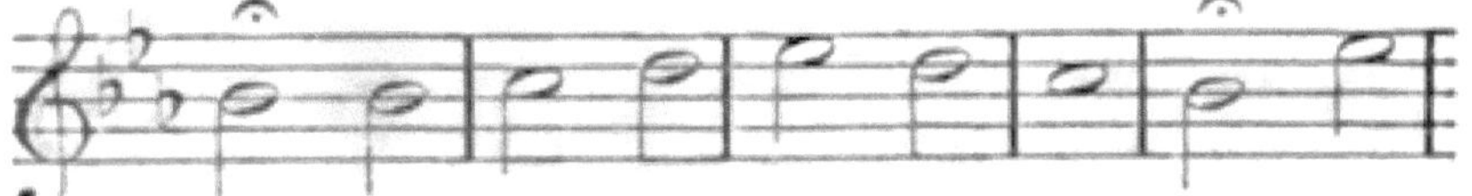

1. ben Wird, der dich schuf, dir ge - ben. Hal-
2. ben, Uns ein, die in Ihm star - ben! Ge-
3. be Ge - nug ge-schlum-mert ha - be, Er-
4. den; Der mü - den Pil - ger Lei - den Sind
5. me, Zu sei - nes Na - mens Ruh-me; Dann

1. le - lu - jah!
2. lobt sei Er.
3. weckst du mich.
4. dann nicht mehr.
5. schau' ich ihn!

F. G. Klopstock.

2. Tod eines Predigers oder Sonntagsschullehrers.

177.

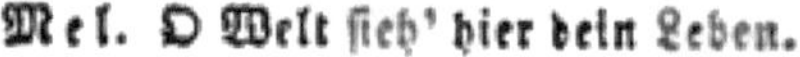
Mel. O Welt sieh' hier dein Leben.

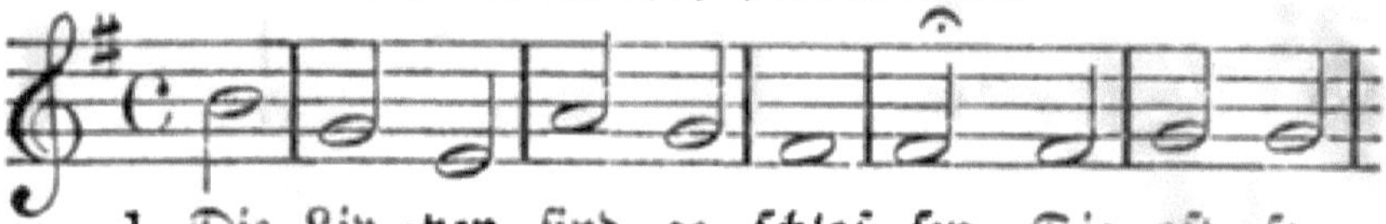

1. Die Lip-pen sind ge-schlos-sen, Die oft so
2. Wie lieb-lich sind die Stun-den Am Tag des
3. So schla-fe nun in Frie-den, Ob-gleich von

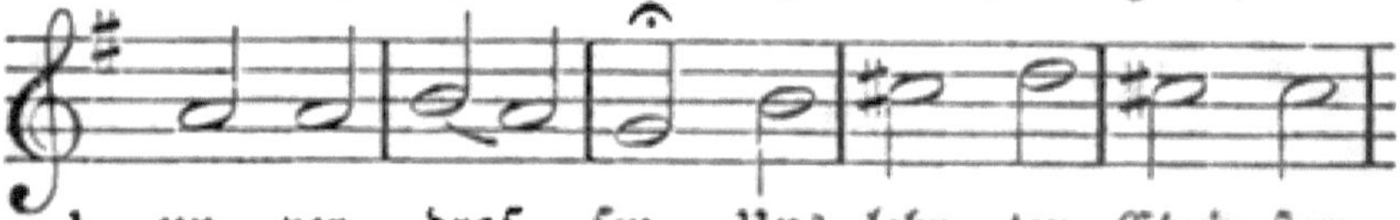

1. un-ver-dros-sen Uns lehr-ten Chri-sten-
2. Herrn ver-schwun-den, Wo uns sein (ihr) Mund ge-
3. uns ge-schie-den, So lebst du bei uns

1. Pflicht. Er (sie) ist von uns ge-schie-den, Gott
2. lehrt. Nie wird er (sie) wie-der-keh-ren Zu
3. fort. Gott schenk' dir je-ne Kro-ne, Die

1. schenk' ihm (ihr) Heil und Frie-den, Dort o-ben
2. uns, um uns zu leh-ren. Zu ernd-ten
3. Er ver-sprach zum Loh-ne Dir so wie

1. in dem hö-hern Licht.
2. ist er (sie) heim-ge-kehrt.
3. al-len From-men dort.

Unbekannt.

178.

Mel. Herr, ich habe mißgehandelt.

1. Hir - te, gehst du von den Läm-mern? Va - ter,
Soll die Nacht dich nun um - däm - mern In der
2. Da-rum fei - ernd, fried-sam - stil - - le, Trau-ern,
Denn dein ew' - ger Lie - bes - wil - le Of - fen-
3. Möch-ten wir der Sün - de, ster - ben, Eh' der
Mög'st du ew' - ge Frucht er - wer - ben Von der
4. Lie - ber! sink hin - ab in Frie - den Nach dem
Steh' vom Hei-land un - ge - schie - den Einst am

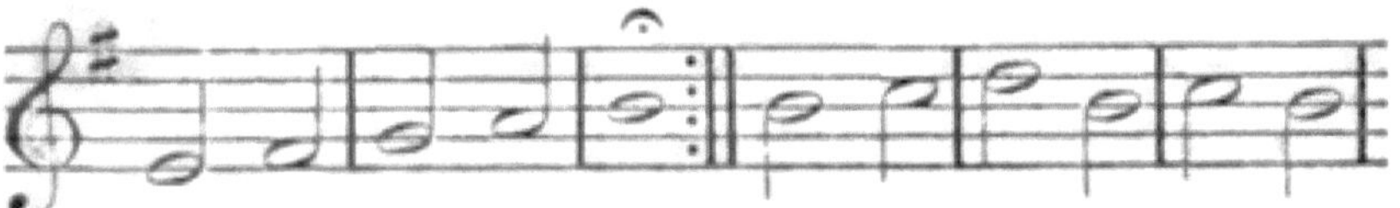

1. von den Kin - dern du?
tie - fen Gra-bes Ruh? } Ja, der Herr hat es ge-
2. wei - nen, sin - gen wir;
ba - ret sich auch hier! } Sink in Je - su Chri-sti
3. To - des - en - gel naht!
aus - ge - streu-ten Saat! } Treu-lich wol - len wir sie
4. der - ben Pil - ger - lauf!
Tag der Gar - ben auf, } Und dann ruf' mit sü-ßem

1. spro - chen, Und dein Herz ist nun ge - bro - chen.
2. Na - men In die stil - le Kam-mer! — A-men.
3. wah - ren, Bis wir auch zur Hei - math fah - ren.
4. Schal - le: „Hier sind dei - ne Läm - mer al - le!"

A. Knapp.

3. Tod von Kindern.

179.

Mel. Ach Herr, mich armen Sünder.

1. Ein Gärt-ner geht im Gar-ten Wo tau-send
Und al-le treu zu war-ten Ist in-nig
2. In hei-li-gen Ge-dan-ken Sieht man sie
Sie möch-ten mit den Ran-ken Den Gärt-ner
3. Zu sei-nem Pa-ra-die-se, Zu sei-ner
Die nim-mer-mehr wie die-se In Staub und
1. Blu-men blüh'n, sein Be-müh'n; Der schickt er sanf-ten Re-
2. fröh-lich blüh'n, all' um-zieh'n. Und wenn ihr Tag ge-kom-
3. schö-nern Welt, A-sche fällt. Hier muß das Herz ver-glü-
1. gen, Und je-ner Son-nen-schein, Das nenn' ich
2. men, Legt er sie an sein Herz, Und zu den
3. ben, Das Wai-zen-korn ver-dirbt, Dort o-ben
1. treu-es Pfle-gen, Da müs-sen sie ge-deih'n.
2. sel'-gen From-men Trägt er sie him-mel-wärts.
3. gilt ein Blü-hen Das nim-mer-mehr er-stirbt

M. v. Schenkendorf.

180.

Mel. Wilmot.

1. Ro - sen wel - ken und ver - schwin-den, Man - che
Kaum, daß sich oft Freun - de fin - den, Tren - net
2. Brü - der, er ist uns ent - ris - sen, Kann sich
(Schwe-stern, sie)
Doch ge - trost, wir al - le wis - sen, Schläft man
3. We - nig wa - ren sei - ner Jah - re, Kurz war
(Schwe-stern) (ih - rer)
Brü - der, denkt bei sei - ner Bah - re Auch an
4. Und nun laßt uns nicht ver - za - gen, Gott läßt
Wenn wir nach durch - leb - ten Ta - gen Dort in

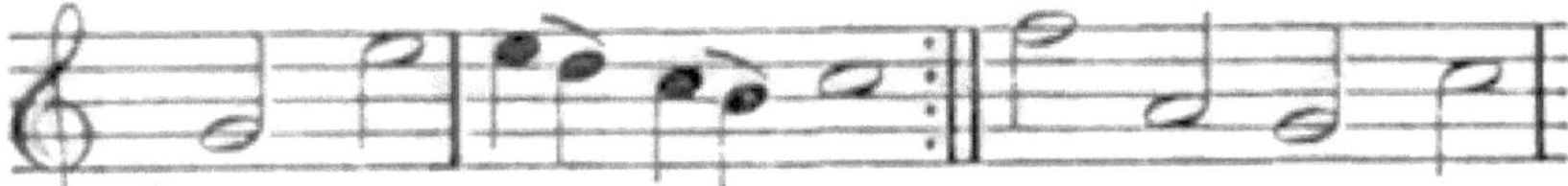

1. fällt als Knos - pe ab,
sie schon Tod und Grab. } Ach, auch je - ner
2. nicht mehr mit uns freun;
hier in Chri - sto ein, } Lebt man dort vor
3. sei-ne (ihre) Le - bens - zeit.
eu - re Sterb - lich - keit; } Wer - det All' durch
4. ihn (sie) uns wie - der - seh'n;
höh' - re Schu - len geh'n, } O dann wird nicht

1. Platz ist leer! — Un - ser Bru - der ist nicht mehr.
(Uns' - re Schwe - ster)
2. sei - nem Thron Und em - pfängt den Gna-den-lohn.
3. Chri - stum rein, Dann dürft ihr den Tod nicht scheu'n.
4. mehr ge - weint, Um den ab - ge - schied'-nen Freund.

Unbekannt.

181.

Mel. Jesus, meine Zuversicht.
1. Gu - ter Hirt, du hast ge - stillt Dei - nes
Ach wie ru - hig, blaß und mild Liegt's in
2. In der Welt voll Angst und Grau'n Willst du
Auf der Pa - ra - die - ses Aue Soll dein
3. Ach, Herr Je - su! möch - ten wir Wo es
Und dein sel' - ges Lust - re - vier Uns auch
1. Lämm - chens lan - gen Jam - mer;
sei - ner klei - nen Kam - mer,
2. es nicht län - ger lei - den,
lie - bes Lamm nun wei - den,
3. schwebt auch ein - stens schwe - ben,
Him - mels - nah - rung ge - ben,
Und kein
Und mit
Dann sind
1. Seuf - zer bang und schwer Quä - let sei - nen
2. un - be - fleck - tem Kleid Schwe - ben in der
3. Noth und Tod Ge - winn, Nimmst du auch das

1. Bu - sen mehr.
2. Herr - lich - keit.
3. Lieb - ste hin.

Wm. Meinhold.

4. Für Waisen.

182.

Mel. O Gott du frommer Gott.

1. Ihr Wai - sen, wei - net nicht! Wie, könnt ihr
Ver - las - set euch auf Gott! Der wird euch
2. Gott ist und blei - bet stets Ein Va - ter
Er will sie vä - ter - lich Er - näh - ren,
3. O glau - bet, blei - bet fromm, Und geht auf
Er - war - tet mit Ge - duld Den treu ver-

1. euch nicht fas - sen? } Sind gleich die El - tern
nicht ver - las - sen. }
2. al - ler Wai - sen; } Traut ihm mit Kind - lich-
klei - den, spei - sen. }
3. Got - tes We - gen; } Weicht kei - nen Schritt von
sprech - nen Se - gen; }

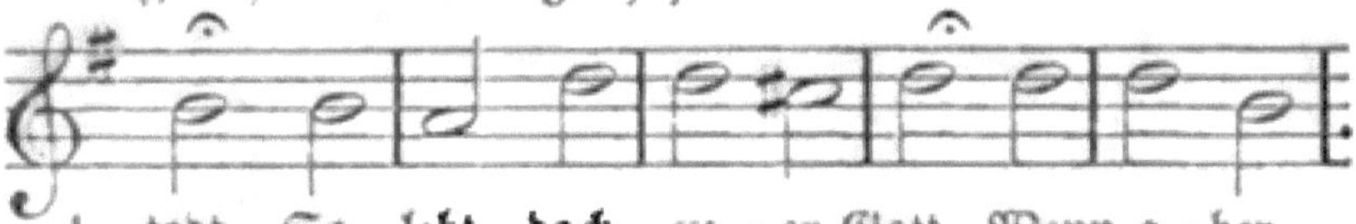

1. todt, So lebt doch eu - er Gott; Wenn a - ber
2. keit! Er nimmt sich eu - rer an Als Hel - fer,
3. ihm, So pre - digt eu - er Lauf: Die El - tern

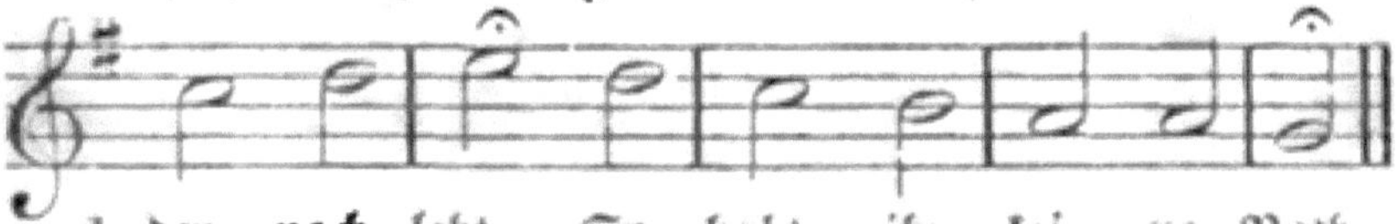

1. der noch lebt, So habt ihr kei - ne Noth.
2. Schirm und Rath, Der euch nie täu - schen kann.
3. gin - gen hin, Doch nimmt der Herr uns auf.

Berliner Liederschatz.

XXVII. Gelegenheitslieder.

1. Jahreszeiten.

183.

Eigene Melodie.

1. Früh = lings = zeit, schön = = ste Zeit
2. Som = mer = zeit, hei = = ße Zeit!
3. Herb = stes = zeit, rei = = che Zeit!
4. Win = ter = zeit, kal = = te Zeit!
1. Die uns Gott der Herr ver = leiht!
2. Son = ne brennt wohl weit und breit.
3. Gott hat Se = gen aus = ge = streut,
4. A = ber Gott schenkt war = mes Kleid,
1. Weckt die Blüm = lein aus der Er = de,
2. A = ber Gott schickt mil = den Re = gen,
3. Daß sich al = = le Bäu = me nei = gen
4. Dich = ten Schnee der kah = len Er = de,
1. Gras und Blu = men für die Heer = de,
2. Schüt = tet al = les Feld voll Se = gen,
3. Von den frucht = be = lad' = nen Zwei = gen,
4. War = mes Wol = len = fell der Heer = de,

1. Läßt die jun - gen Läm - mer sprin - gen,
2. Schenkt dem Schnit - ter vol - le Aeh - ren,
3. Schaut um - her mit Va - ter - bli - cken,
4 Fe - dern weich den Vö - gel - schaa - ren,
1. Läßt die lie - ben Vög - lein sin - gen;
2. Brod ge - nug, uns all' zu näh - ren.
3. Wie sich al - le d'ran er - qui - cken.
4. Daß sie kei - ne Noth er - fah - ren;
1. Men - schen, eu - res Got - tes denkt,
2. Men - schen, merkt es, Gott ist gut,
3. Men - schen, nehmt die Gar - ben gern,
4. Men - schen! Haus und Heerd auch euch;
1. Der euch sol - chen Früh - ling schenkt!
2. Daß er so im Som - mer thut.
3. A - ber eh - ret auch den Herrn!
4. Lobt ihn, der so gna - den - reich!

Unbekannt.

2. Geburtstag.

184.

Mel. Ach wiederholt mir Jesu Leiden ꝛc.

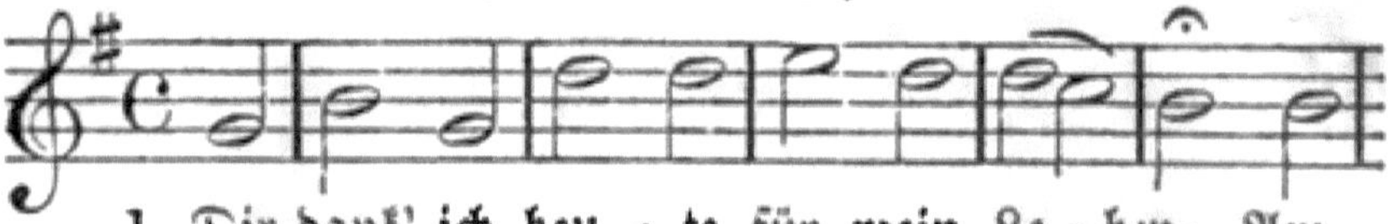

1. Dir dank' ich heu - te für mein Le - ben; Am
2. Du hast mich wun - der - bar be - rei - tet, An
3. Soll ich, o Gott, noch län - ger le - ben, So

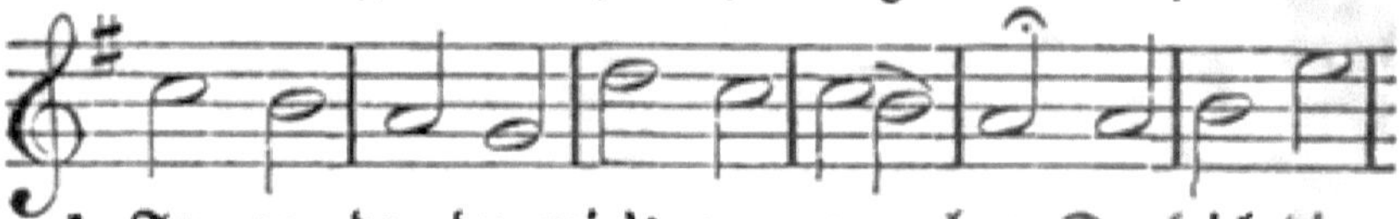

1. Ta - ge, da du mir's ge - ge - ben, Dank ich dir,
2. dei - ner rech - ten mich ge - lei - tet Bis die - sen
3. wirst du was mir gut ist ge - ben; Du gibst's, ich

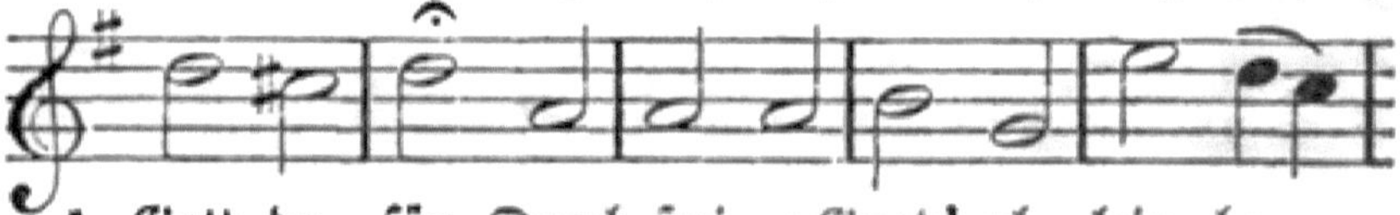

1. Gott, da - für. Durch frei - e Gnad' al - lein be-
2. Au - gen - blick. Du gabst mir tau - send fro - he
3. hoff' auf dich. Dir, Gott, be - fehl' ich Leib und

1. wo - gen, Hast du mich aus dem Nichts ge - zo-
2. Ta - ge, Ver - wan - del - test selbst mei - ne Kla-
3. See - le; Der Herr, Herr, dem ich sie be - feh-

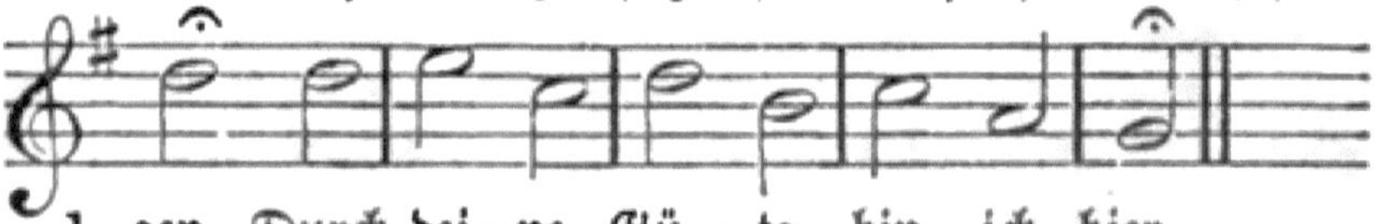

1. gen. Durch dei - ne Gü - te bin ich hier.
2. ge Und mei - ne Lei - den in mein Glück.
3. le, Der seg - ne und be - hü - te mich.

Gellert.

3. Vaterlandslieder.—Am 4. Juli.

185.

Mel. Von Grönland's Eisgestaden.

1. Heut', heut' an die - sem Ta - ge Er-
2. Schütz' fer - ner, Gott, wir bit - ten, Schütz'
1. freu' sich je - des Herz; Es schwei - ge
2. un - ser lie - bes Land: Pa - lä - ste
1. je - de Kla - ge Ver - ges - sen sei der
2. wie auch Hüt - ten, Und je - den Bür - ger-
1. Schmerz. Ge - burts - tag uns' - rer Frei - heit! Sei
2. stand. Vor Un - glück und Ge - fah - ren, Und
1. uns stets lieb und werth, Bis end - lich
2. je - der an - dern Noth Wollst du uns
1. Frei- und Gleich-heit Be - glückt die gan - ze Erd'!
2. doch be - wah - ren, Du Zi - ons star - ker Gott.
Unbekannt.

186.

Mel. Old Hundred.

1. Be=schirm uns, Herr! bleib un = ser Hort, Er=
2. Der Staa = ten gro = ßer Bru = der=bund Steh'
3. Die uns re = gie = ren lei - te, Herr, Daß
4. Der Bür = ger Treu = e meh = re sich; Durch
5. Herr sen = de Frei=heit,, Fried' und Recht Dem

1. hal = te Wohl=fahrt fort und fort, Und sich' = re
2. un = ver = rückt auf sei=nem Grund; Auf dei = ner
3. sie es thun zu dei = ner Ehr', Dem Va = ter=
4. Sinn und Tha=ten prei = se dich Das Volk, das
5. gan = zen mensch=li=chen Ge=schlecht. Dir schall der

1. Frei=heit, Fried' u. Recht Uns und dem spä = te=
2. Gnad' und Gü = tig = keit, Auf Wahr=heit und Ge=
3. land ein Se = gen sein, Und dei = nes Se = gens
4. dei = ne Rech = te kennt, Und dich nur sei = nen
5. Völ = ker Lob = ge = sang Vom Auf=gang bis zum

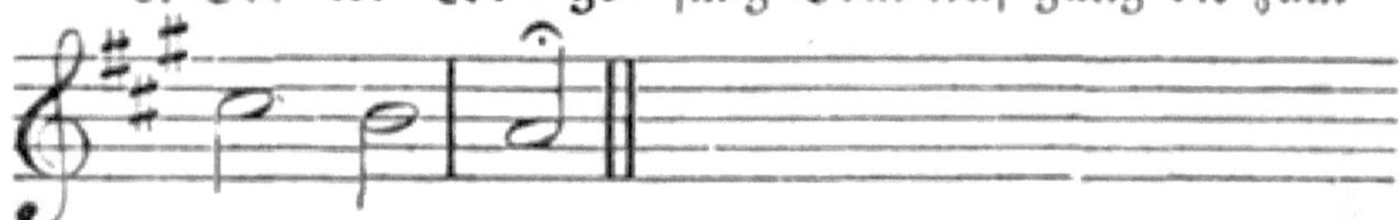

1. sten Ge = schlecht!
2. rech - tig = keit.
3. sich er = freu'n!
4. Kö = nig nennt.
5. Nie = der - gang.

Luth. Gesangbuch.

4. Reiselied.

187.

Aeltere Melodie: Wer nur den lieben Gott läßt walten.

1. Ich will mich auf die Reis' be - ge - ben,
Ich kann ja oh - ne dich nicht le - ben,
2. Wir wol - len stets bei - sam - men blei - ben;
Laß kein Ge - schöpf von dir mich trei - ben,
3. Laß nim - mer mich aus dei - nen Hän - den,
Re - gier' und leit' mich al - ler En - den,
1. Komm, Got - tes - sohn, führ' mich da - hin!
So blei - be stünd - lich wo ich bin!
2. Ver - ir - re ich, zieh' dir mich nach!
Und wen - de al - les Un - ge - mach.
3. Es sei zu Was - ser o - der Land;
Be - hü - te mich vor Sünd' und Schand';
1. Herr, geh' vor - an, ich fol - ge dir! Mit
2. Mit dir, Herr, zieh' ich freu - dig fort; Bring'
3. Schenk' auch Ge - sund - heit, Fried' und Glück, Und
1. dir ist schon ge - hol - fen mir.
2. glück - lich mich an Stell' und Ort.
3. füh - re seg - nend mich zu - rück.

Unbekannt.

5. Tischlieder.

188.

Mel. Schmücke dich, o liebe Seele.
Speis', o Gott, uns dei - ne Kin - der,
Sprich den Se - gen zu den Ga - ben,
Sieh' in Gna - den auf uns Sün - der,
Die wir jetz - o vor uns ha - ben,
Daß sie uns zu die - sem Le - ben
Stär - ke, Kraft und Nah - rung ge - ben,
Bis wir end - lich mit den From - men
Zu des Him - mels Mahl - zeit kom - men.
J. Hermann.

189.

Eigene Melodie.

1. Al - les lebt von dei - nen Ga - - ben,
2. Dei - ner Kin - der Au - gen schau - en
3. Du hast uns noch nie ver - ges - sen,
4. Ha - be Dank für dei - ne Ga - ben,
1. Va - ter, was wir sind und ha - ben,
2. Zu dir, Va - ter, mit Ver - trau - en,
3. Gibst auch heu - te uns zu es - sen;
4. Den wir jetzt em - pfan - gen ha - - ben,
1. Al - les Gu - te kommt von dir, Al - les
2. O du hilfst uns je - den Tag, O du
3. Seg - ne, Va - ter, was du gibst, Seg - ne,
4. Ha - be Dank du gu - ter Gott, Ha - be

1. Gu - te kommt von dir.
2. hilfst uns je - den Tag.
3. Va - ter, was du gibst.
4. Dank, du gu - ter Gott.

Unbekannt.

190.

Eigene Melodie.

1. Der Tisch ist ge - de - cket und
Ge - nießt was die Gü - te des
2. Er deckt auch den Vö - geln und
Es spru - delt die Quel - le für
1. Al - les be - reit,
Schö-pfers uns beut,
Und se - het und
2. Thie - ren den Tisch,
Al - le so frisch,
O se - het und
1. schme - cket wie freund - lich er ist, Ja
2. schme - cket wie freund - lich er ist, Auch
1. nie - mals und nir - gends er un - ser ver-
2. sel - ber des Würm-leins er nim - mer ver-
1. gißt.
2. gißt.

Unbekannt.

XXVIII. Dankgesänge.

191.

Eigene Melodie.

1. Nun dan - ket Al - le Gott Mit Her - zen,
Der gro - ße Din - ge thut An uns und
2. Der e - wig rei - che Gott Woll' uns in
Ein im - mer fröh - lich Herz Und ed - len
3. Lob, Ehr' und Preis sei Gott, Dem Va - ter
Und dem, der bei - den gleich Im höch - sten
1. Mund und Hän - den, al - len En - den;
Der uns von Mut - ter-
2. die - sem Le - ben Frie - den ge - ben,
Und uns in sei - ner
3. und dem Soh - ne, Him - mels - thro - ne,
Dem ei - nig höch - sten
1. leib' Und Kin - des - bei - nen an, Un - säg - lich
2. Gnad' Er - hal - ten fort und fort, Und uns aus
3. Gott; Als er an - fäng - lich war Und ist und
1. viel zu gut Bis hier - her hat ge - than.
2. al - ler Noth Er - lö - sen hier und dort.
3. blei - ben wird, Jetz - und und im - mer - dar.

M. Reichart.

192.

Eigene Melodie.

1. Lobt froh den Herrn, Ihr ju - gend - li - chen
2. Es schallt em - por Zu dei - nem Hei - lig-
3. Vom Prei - se voll Laß un - ser Herz dir
4. Einst kommt die Zeit, Wo wir auf tau - send

1. Chö - re! Er hö - ret gern Ein Lied zu
2. thu - me, Aus un - serm Chor Ein Lied zu
3. sin - gen! Das Lob - lied soll Zu dei - nen
4. Wei - sen — O Se - lig - keit! — Dich, un - sern

1. sei - ner Eh - re. Lobt froh den Herrn! Lobt
2. dei - nem Ruh - me, Du, der sich Kin - der
3. Thro - nen drin - gen, Das Lob, das uns' - rer
4. Va - ter, prei - sen Von E - wig - keit zu

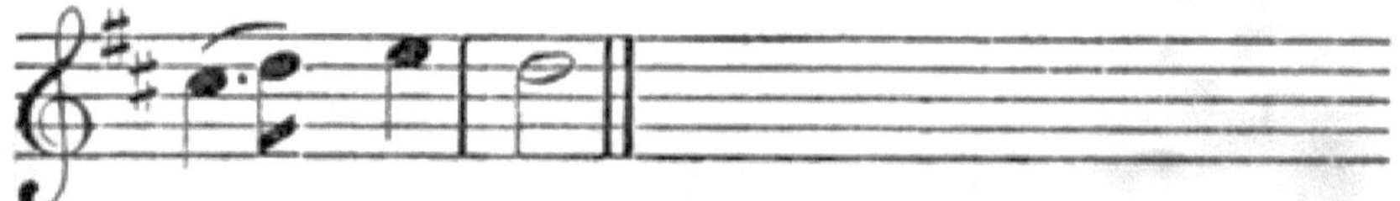

1. froh den Herrn!
2. aus - er - kor!
3. Seel' ent - quoll!
4. E - wig - keit!

Unbekannt.

193.

Mel. Portuguese Hymn.

1. O laßt uns den freund-li-chen Hei-land er-
2. Eh' wir ihn noch kann-ten hat er uns ge-
3. Er bau-et uns Schu-len zu ler-nen da-

1. höh'n! Ein kind-li-ches Lal-len des Dan-kes ist
2. liebt; Und wenn uns was fehl-te so hat's ihn be-
3. rin Die gött-li-che Weis-heit, den himm-li-schen

1. schön! Wie dort sei-ner En-gel hoch-hei-li-ges
2. trübt. Er schen-ket uns Vä-ter und Müt-ter zur
3. Sinn, Und ru-fet: Ihr Kin-der, kommt hö-ret mir

1. Chor, So hö-ret auch dan-ken-de Kin-der sein
2. Pfleg', Und Leh-rer zu fin-den den himm-li-schen
3. zu! So bring' ich euch al-le zur se-li-gen

1. Ohr! So hö-ret auch dan-ken-de Kin-der sein Ohr!
2. Weg. Und Leh-rer, zu fin-den den himm-li-schen Weg.
3. Ruh'. So bring' ich euch al-le zur se-li-gen Ruh'.

Unbekannt.

194.

Mel. Fern.

1. Kommt Kin-der und lo - bet mit Freu-den den
2. Wie groß ist die Lie - be da - mit er uns
3. Doch wenn wir vor ihm un - ter En - geln einst

1. Herrn! Er hö - ret das Prei - sen Un-
2. liebt, Wie viel - fach die Wohl - tha - ten
3. steh'n, Wird's mit un - serm Lo - ben ganz

1. mün - di - ger gern; Und vor al - len An-dern ist
2. die er uns gibt; Wir kön-nen nicht dan-ken wie's
3. wun - der - voll geh'n; Ja, mehr als die En - gel sind

1. Er's al - lein werth, Daß ihn je - de kind - li - che
2. recht sich ge - ziemt, D'rum sei ihm mit Lal-len und
3. wir dann ge - übt, Denn mehr als die En - gel hat

1. Lip - pe ver - ehrt.
2. Stam-meln ge - dient.
3. er uns ge - liebt.

L. Mohn.

195.

Eigene Melodie.

Solo
Chor

1. Dan-ket dem Herrn! Wir dan-ken dem Herrn, Denn
2. Lo - bet den Herrn! Ja lo - be den Herrn, Auch
3. Sein ist die Macht! All-mäch-tig ist Gott! Sein
4. Groß ist der Herr! Ja groß ist der Herr, Sein
5. Be - tet ihn an! An - be - tung dem Herrn! Mit

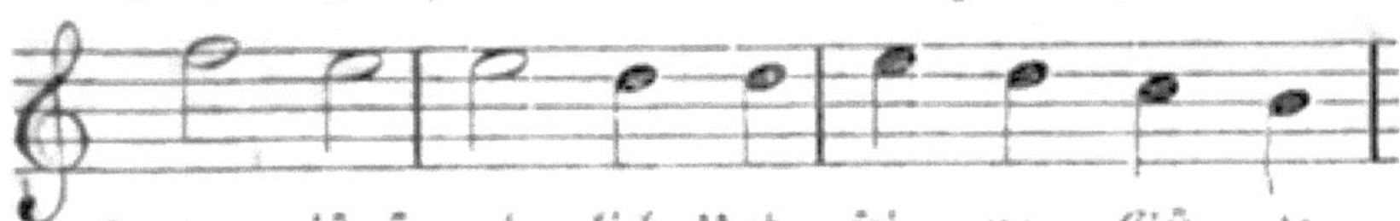

1. er ist freund - lich Und sei - ne Gü - te
2. mei - ne See - le Ver - giß es nie was
3. Thun ist wei - se Und sei - ne Hülf' ist
4. Nam' ist hei - lig Und al - le Welt ist
5. ho - her Ehr-furcht Werd' auch von uns sein

1. wäh - ret e - wig - lich Sie wäh - ret e - wig-
2. er dir Gut's ge - than, Was er dir Gut's ge-
3. je - den Mor - gen neu Ist je - den Mor - gen
4. sei - ner Eh - re voll, Ist sei - ner Eh - re
5. Na - me stets ge - nannt, Sein Na - me stets ge-

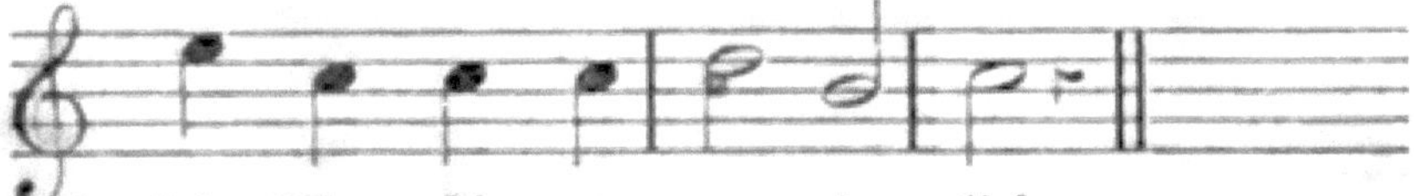

1. lich Sie wäh - ret e - wig - lich.
2. than, Was er dir Gut's ge - than.
3. neu, Ist je - den Mor - gen neu.
4. voll, Ist sei - ner Eh - re voll.
5. nannt, Sein Na - me stets ge - nannt.

Unbekannt.

196.

Eigene Melodie.

1. Wo fin - det die See - le die Hei-math die
2. Ver - las - set die Er - de, die Hei-math zu
3. Wie se - lig die Ru - he bei Je - sus im

1. Ruh', Wer deckt sie mit schü - tzen - den Fit - ti - gen'
2. sehn, Die Wohnstatt des Frie-dens, so lieb - lich und
3. Licht! Furcht, Sorge und Schmerzen, die kennt man dort

1. zu? Ach! bie - tet die Welt kei - ne Frei - statt uns
2. schön: Je - ru - sa - lem dro - ben, von Gol - de er-
3. nicht; Das Rauschen der Har - fen, der En - gel Ge-

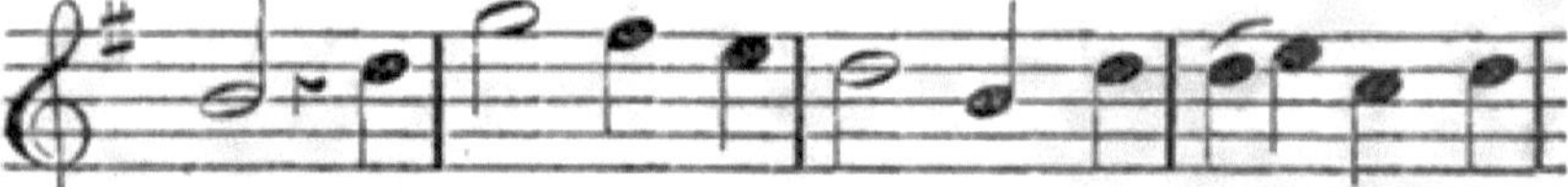

1. an, Wo Sün - de nicht lo - cken, nicht scha-den mehr
2. baut, Vom e - wi - gen Kö - nig er - ko - ren als
3. sang Be-will-kommt die See - le mit lieb - li - chem

1. kann? Nein, nein! nein, nein! Hier ist sie nicht, Die
2. Braut! Ja, ja! ja, ja! Die - ses al - lein Kann
3. Klang. Ruh', Ruh'! Ruh', Ruh'! Himmlische Ruh' Im

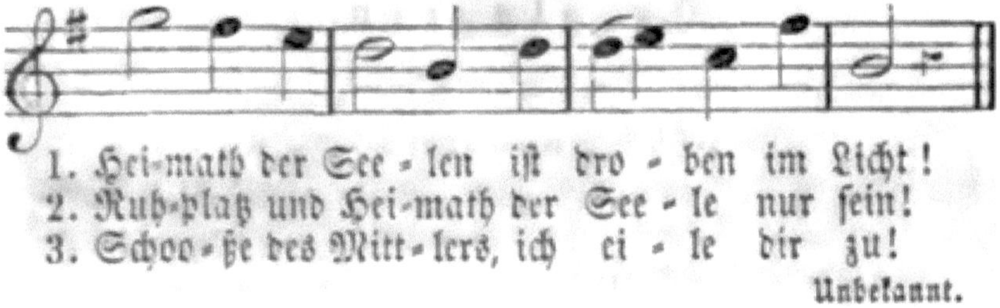

1. Hei-math der See - len ist dro - ben im Licht!
2. Ruh-platz und Hei-math der See - le nur sein!
3. Schoo - ße des Mitt - lers, ich ei - le dir zu!

Unbekannt.

Ausgangssegen.

197.

„Die Gna - de un - sers Herrn Je - su Chri-
sti, Und die Lie - be Got - tes, Und die Ge-
mein-schaft des heil'-gen Gei - stes Sei mit euch Al-len
Mit euch Al - len, A - - men."

Doxologien.

1.

Mel. des 134. Psalms. (Old Hundred.)

Ehr' sei dem Vater und dem Sohn', Sammt heil'gem Geist, in einem Thron', Der heiligen Dreieinigkeit, Lob' Ehr' und Preis in Ewigkeit!

2.

Mel. O Jesu Christe, wahres Licht.

Hochheilige Dreieinigkeit, Dir sei hienieden in der Zeit, Noch herrlicher in Ewigkeit, Anbetung, Dank und Preis geweiht!

3.

Mel. Es ist gewißlich an der Zeit.

Sei du uns Wolkensäule, Herr! In Hitze sei uns Decke; Als Feuersäule leucht' uns, Herr! Daß uns die Nacht nicht schrecke. Weich nimmer von uns Tag und Nacht, Bis du uns sicher heimgebracht In's Canaan das droben.

4.

Mel. Wer nur den lieben Gott läßt walten.

Herr! segne uns und uns behüte; Laß leuchten uns dein Angesicht, Sei gnädig uns nach deiner Güte, Und heb' auf uns dein Angesicht; Und deinen Frieden allermeist Gib Vater, Sohn und heil'ger Geist!

5.

Mel. O Gott du frommer Gott.

Ehr' sei dem höchsten Gott! Dem Sohne gleich dem Vater, Dem heilig-guten Geist, Der Gläubigen Berather! Die auserwählte Schaar Der Himmel weit und breit, Preis' dich, dreiein'ger Gott, In alle Ewigkeit!

Melodien-Register.

Die Ziffern in Klammern ( ) beziehen sich auf die Paralell Gruppen. Melodien in derselben Gruppe mögen daher mit einander nach Erforderniß verwechselt werden.

A — Nro.

Ach Herr, ich armer Sünder (3) 179
Ach wiederholt mir Jesu Leiden rc. 184
Alfreton (11) 106
Allein Gott in der Höh' sei Ehr' (6) 11
Alle Menschen müssen sterben (1) 7, 171
Alles ist an Gottes Segen (2) 27
Alles lebt von deinen Gaben 189
Arlington (4) 136
Aufersteh'n, ja aufersteh'n 176
Aus dem Himmel ferne 20
Aus meines Herzens Grunde (21) 90

B

Bald ist es wieder Nacht 103
Bath Chapel (18) 124
Befiehl du deine Wege (3) 151
Bentley (19) 148

C

Christe du Lamm Gottes 56
Christus, der ist mein Leben (4) 99, 174
Coronation (4) 100

D

Danket dem Herrn 195
Danvers 68
Der beste Freund ist in dem Himmel (23) 30
Der Tag ist hin, mein Jesu 121
Der Tisch ist gedecket (14) 190
Dich zu lieben, das ist Leben 101
Die Gnade unsers Herrn (Segen) 197

Nro.
Dir, o Jesu, Heil der Sünder (2)........ 2
Duke Street (11) 62
Du lieber heil'ger frommer Christ (11)........ 41
Dundee (4)........ 67

E

Erhalt' uns Herr bei deinem Wort (11)........107
Erquicke mich du Heil der Sünder (5)........ 51
Es ist das Heil uns kommen her (6)........169
Es ist gewißlich an der Zeit (6)........ 23
Es ist vollbracht........ 57
Es sehnt das Kind sich nach dem Mutterherzen........ 33

F

Fahre fort, fahre fort........ 73
Fern (14)........194
Frühlingszeit, schönste Zeit........183
Für dies munt're junge Leben........ 88

G

Geht ihr Streiter immer weiter........155
German Air (11)........144
Glockenton, du ernster Klang........162
Gott des Himmels und der Erde (7)........ 5
Gott ist mein Lied (8)........ 8
Gott sei Dank durch alle Welt (9)........ 15
Greenville (19)........ 32
Groß ist unsers Gottes Güte........115

H

Hab' ich recht und wahr vernommen........ 46
Hallelujah Gott zu loben (7)........ 93
Hamburg (11)........170
Harvell (7)........159
Hebron (11)........ 36
Herr, ich habe mißgehandelt (10)........178
Herr Jesu Christ dich zu uns wend' (11)........161
Herr Jesu Christ, du höchstes Gut (6)........ 22
Herr Jesu Gnadensonne........3, 59, 168

Nro.

Herr und Aelt'ster deiner Kreuzgemeine......54, 143, 165
Herr wie du willst so schick's mit mir (6)............116
Herzlich thut mich verlangen (3)...............153
Hüter, wird die Nacht der Sünden (12)............119

J

Ich bete an die Macht der Liebe (5).............. 26
Ich fasse, Vater, deine Hände (23)..............25, 142
Ich sag' es Jedem, daß er lebt (18)............. 61
Ich will Gott den Herren loben (19)............ 1
Ich will streben nach dem Leben (13).............134
Ich will's wagen (13)......................132
Ihr Kinderlein kommet (14).................. 39
Illa (11).. 123
Im Anfang war's auf Erden................... 16
Immer muß ich wieder lesen (19)............... 45
Jauchzet dem Herrn alle auf Erden (24)............ 70
Jesu, hilf siegen, du Fürste des Lebens............. 37
Jesu, meine Freude....................66, 78, 126
Jesu, meiner Seelen Ruh' (9)..................131
Jesu, meines Lebens Leben (1)................ 63
Jesus, meine Zuversicht (15)............60, 114, 181

K

Komm, o komm, du Geist des Lebens (7)........... 44
Kommt her zu mir, spricht Gottes Sohn........... 91
Kommt, o liebe Kinder...................53, 135

L

Lasset uns traulich loben........................85
Lenox..................................82
Liebster Jesu wir sind hier................97, 138
Lobe den Herren, den mächtigen König.... 12, 38, 64, 117
Lobt froh den Herrn (8)....................192
Lobt Gott, ihr Christen allzugleich (18)............ 83

M

Meinen Jesum lass' ich nicht (15)..........58, 122, 154
Meinen Heiland im Herzen 104

Nro.
Mein Gemüth erfreuet sich (9) 6
Mein Herzens-Jesu (6) 157
Mein Vater der im Himmel (11) 21
Migdol (11) 105
Mir nach spricht Christus unser Held 164, 167
Morgenglanz der Ewigkeit 92
Müde bin ich, geh' zur Ruh' (9) 102

N

Naomi (4) 113
Nun danket Alle Gott (16) 35, 95, 98, 191
Nun laßt uns Gott dem Herren (22) 137
Nun ruhen alle Wälder (17) 17, 81, 84, 96, 163
Nun sich der Tag geendet (18) 109

O

O daß ich tausend Zungen hätte (23) 140
O Ewigkeit, du Donnerwort 158
O Gott, der du ein Heerfürst bist (Ps. 84) 75
O Gott du frommer Gott (16) 18, 156, 182
O Jesu Christ, mein's Lebens Licht (11) 108
O Liebe, die den Himmel hat 147
O selig Haus, wo man dich aufgenommen 166
O Traurigkeit, o Herzeleid 55
O Welt, sieh' hier dein Leben (17) 52, 110, 118, 177
Old Hundred (11) 186
Ortonville (18) 89

P

Pleyel's Hymn (9) 149
Portuguese Hymn (14) 193
Psalm-Melodie: 8. (Der Tag ist hin, mein Jesu) 121
" " 38. (12) 172
" " 42. 13
" " 84. (O Gott, der du ein Heerfürst) 75
" " 146. (Halleluja, Gott zu loben) 93

R

Rochester (18) 87
Ruft getrost ihr Wächterstimmen 72

S Nro.
Schmücke dich, o liebe Seele..........160, 188
Schönster Herr Jesu.......... 28
Schwing dich auf zu deinem Gott..........50, 133
Seelenbräutigam..........146
Seht die Mutter dort voll Schmerzen (2)..........125
Sei getreu bis in den Tod (20)..........173
Shirland, S. M.......... 69
Sicily.......... 42
Sieh', hier bin ich, Ehrenkönig.......... 19
Sollt' ich meinem Gott nicht singen.......... 14
Stille Nacht! Heil'ge Nacht.......... 40

V

Valet will ich dir geben (3)..........47, 76
Von Gott will ich nicht lassen (21)..........128
Von Grönland's Eisgestaden (3).......... 74, 185

W

Wach' auf mein Herz und singe (22).......... 94
Wachet auf ruft uns die Stimme.......... 86
Warwick (18).......... 48
Was hätt' ich, hätt' ich Jesum nicht.......... 29
Was ist die Macht, was ist die Kraft.......... 4
Was mein Gott will gescheh' all'zeit.......... 79
Weil ich Jesu Schäflein bin (20).......... 31
Weißt du, wie viel Sterne stehen (1).......... 9
Wen Jesus liebt..........127
Wenn ich ihn nur habe..........145
Wenn ich, o Schöpfer, deine Macht (6)..........129
Wer nur den lieben Gott läßt walten [ältere] (23)..150, 187
Wer nur den lieben Gott läßt walten [neuere] (23)...141
Wer weiß wie nahe mir mein Ende (23).......... 24
Wie groß ist des Allmächt'gen Güte [ältere] (24).... 10
Wie groß ist des Allmächt'gen Güte [neuere] (24).... 43
Wie schön' leucht't uns der.....34, 49, 65, 71, 112, 139
Wie sie so sanft ruh'n..........175
Wilmot (7)..........180

Nro.
Windham (11) 77
Wirf Sorgen und Schmerz 152
Wo findet die Seele die Heimath, die Ruh' 196
Wollt ihr wissen was mein Preis (9) 120
Worthing (19) 111

Z

Zeuch mich, zeuch mich mit den Armen (10) 80
Zion (7) 130

Paralell-Gruppen.

1. Gruppe.—Alle Menschen müssen sterben 7, 171
Jesu, meines Lebens Leben 63
Weißt du, wie viel Sterne stehen, ... 9
2. Gruppe.—Alles ist an Gottes Segen 27
Dir, o Jesu, Heil der Sünder 2
Seht die Mutter dort voll Schmerzen 125
3. Gruppe.—Befiehl du deine Wege 151
Ach Herr, ich armer Sünder 179
Herzlich thut mich verlangen 153
Valet will ich dir sagen 47, 76
Von Grönland's Eisgestaden 74, 185
4. Gruppe.—Christus, der ist mein Leben 99, 174
Arlington 136
Coronation 100
Dundee 67
Naomi 113
5. Gruppe.—Erquicke mich du Heil der Sünder 51
Ich bete an die Macht der Liebe 26
6. Gruppe.—Es ist gewißlich an der Zeit 23
Allein Gott in der Höh' sei Ehr' 11
Es ist das Heil uns kommen her 169
Herr Jesu Christ, du höchstes Gut 22
Herr, wie du willst so schick's mit mir 116
Mein Herzens-Jesu 157
Wenn ich, o Schöpfer, deine Macht 129

Nro.
7. Gruppe.—Gott des Himmels und der Erde........ 5
Hallelujah Gott zu loben (Ps. 146) ... 93
Harwell........................159
Komm, o komm, du Geist des Lebens.... 44
Wilmot.........................180
Zion...........................130
8. Gruppe.—Gott ist mein Lied.................. 8
Lobt froh den Herrn..................192
9. Gruppe.—Gott sei Dank durch alle Welt......... 15
Jesu, meiner Seelen Ruh'............131
Mein Gemüth erfreuet sich............ 6
Müde bin ich, geh' zur Ruh'..........102
Pleyel's Hymn......................149
Wollt ihr wissen was mein Preis.......120
10. Gruppe.—Herr, ich habe mißgehandelt...........178
Zeuch mich, zeuch mich mit........... 80
11. Gruppe.—Herr Jesu Christ dich zu uns wend' L. M...161
Alfreton........................106
Du lieber heil'ger frommer Christ..... 41
Duke Street...................... 62
Erhalt' uns, Herr, bei deinem Wort....107
German Air......................144
Hamburg 170
Hebron 36
Illa 123
Mein Vater der im Himmel........... 21
Migdol..........................105
O Jesu Christ, mein's Lebens Licht.....108
Old Hundred.....................186
Windham.........................77
12. Gruppe.—Hüter, wird die Nacht der Sünden......119
Melodie des 38. Psalms. 172
13. Gruppe.—Ich will streben nach dem Leben.......134
Ich will's wagen....................132
14. Gruppe.—Ihr Kinderlein kommet............. 39
Der Tisch ist gedecket...............190

Nrs.
Fern 194
Portuguese Hymn...................193
15. Gruppe.—Jesus, meine Zuversicht.......60, 114, 181
Meinen Jesum lass' ich nicht...58, 122, 154
16. Gruppe.—Nun danket Alle Gott......35, 95, 98, 191
O Gott du frommer Gott.....18, 156, 182
17. Gruppe.—Nun ruhen alle Wälder..17, 81, 84, 96, 163
O Welt, sieh' hier dein Leben.52, 110, 118, 177
18. Gruppe.—Nun sich der Tag geendet hat..........109
Bath Chapel.......................124
Ich sag' es Jedem, daß er lebt......... 61
Lobt Gott, ihr Christen allzugleich...... 83
Ortonville 89
Rochester........................... 87
Warwick............................. 48
19. Gruppe.—Seht ihr dort auf grünen (Greenville)... 32
Bentley...........................148
Ich will Gott den Herren loben........ 1
Immer muß ich wieder lesen.......... 45
Worthing..........................111
20. Gruppe.—Sei getreu bis in den Tod............173
Weil ich Jesu Schäflein bin.......... 31
21. Gruppe.—Von Gott will ich nicht lassen..........128
Aus meines Herzens Grunde........... 90
22. Gruppe.—Wach' auf mein Herz und singe........ 94
Nun laßt uns Gott dem Herren........137
23. Gruppe.—Wer nur den lieben Gott läßt (ältere) 150, 187
Wer nur den lieben Gott läßt (neuere)..141
Der beste Freund ist in dem Himmel.... 30
Ich fasse, Vater, deine Hände.......25, 142
O daß ich tausend Zungen hätte........140
Wer weiß wie nahe mir mein Ende..... 24
24. Gruppe.—Wie groß ist des Allmächt'gen (neuere). 43
Wie groß ist des Allmächt'gen (ältere).. 10
Jauchzet dem Herrn alle auf Erden..... 70

Alphabetisches Liederregister.

A

Nro.

Ach bleib' mit deiner Gnade 99
Ach wie gut ist unser Hirt 114
Alles lebt von deinen Gaben 189
Als Samuel im Tempel 153
Am Anfang warest du das Wort 34
Aufersteh'n, ja aufersteh'n 176
Auf, Jesu Jünger! freuet euch 62
A und O, Anfang und Ende 27
Aus dem Himmel ferne 20

B

Bald ist es wieder Nacht 103
Befiehl du deine Wege 151
Beschirm uns, Herr, bleib unser Hort 186

C

Christe, du Lamm Gottes 56
Christi Blut und Gerechtigkeit 123
Christus, der ist mein Leben 174

D

Dank, ewig Dank sei deiner Liebe 140
Danket dem Herrn 195
Das große Halljahr bricht herein 75
Dein Gesetz, Herr, setzet Schranken 172
Dein Herz, Herr Jesu, klaget 168
Der beste Freund ist in dem Himmel 30
Der ersten Unschuld reines Glück 22
Der Sabbath ist vergangen 163
Der Tisch ist gedecket 190
Dich zu lieben, das ist Leben 101
Die Gnade geht durch Stufen 118
Die Gnade sei mit allen 100
Die Gnade unsers Herrn Jesu Christi 197
Die Hand zum Abschied reichen wir 112

Nro.
Die Lippen sind geschlossen....177
Dir dank' ich heute für mein Leben....184
Dir, o Jesu, Heil der Sünder.... 2
Dort sitzt ein kleiner Knabe.... 47
Du bist, o Geist der Gnaden.... 67
Du Brunnquell aller reinen Liebe....141
Du lieber heil'ger, frommer Christ.... 41
Du Stern in allen Nächten.... 76
Du unbegreiflich höchstes Gut....144

E

Ein Gärtner geht im Garten....179
Ein neues Jahr hat angefangen.... 43
Es ist vollbracht.... 57
Es schlägt die Abschiedsstunde....113
Es sehnt das Kind sich nach dem Mutterherzen.... 33
Ew'ge Liebe, mein Gemüthe.... 13

F

Fahre fort, fahre fort.... 73
Frühlingszeit, schönste Zeit....183
Für dies munt're junge Leben.... 88
Fern sei mein Leben jederzeit....170
Für uns're Lehrer beten wir....108
Für uns're Schüler beten wir....107

G

Geht, ihr Streiter, immer weiter....155
Gelobet sei'st du, Jesus Christ....105
Glaube ist die Zuversicht....122
Glockenton, du ernster Klang....162
Gott, deine Kinder treten....136
Gott des Himmels und der Erden.... 93
Gott fordert Heiligung von mir....129
Gott ist mein Lied.... 8
Gott! wenn ich schwörend vor dich trete....158
Großer Prophete! mein Herze begehret.... 37
Guter Hirt, du hast gestillet....181

H

Hab' ich recht und wahr vernommen.... 46

Nro.

Hallelujah! Christus lebt.................... 58
Hallelujah! schöner Morgen....................159
Heiland, ach erwecke......................... 78
Heil'ge Gottestaube.......................... 66
Herr, dein Arm hält uns......................115
Herr, der vom Himmel die.....................117
Herr Jesu Christe, mein Prophet.............. 36
Herr unser Gott, wir loben dich.............. 83
Herr, wenn ich Kinder höre................... 3
Heut', heut' an diesem Tage..................185
Hier liegt mein Heiland...................... 51
Himmel, Erde, Luft und Meer.................. 15
Hirte! gehst du von den Lämmern..............178
Hüter, wird die Nacht der Sünden.............119

J

Jauchzet, ihr Himmel......................... 38
Ich bete an die Macht der Liebe.............. 26
Ich komm', mein Jesu, dich................... 35
Ich lobe dich von ganzer Seele............... 70
Ich sag' es Jedem, daß er lebt............... 61
Ich will dich lieben, meine Stärke...........142
Ich will Gott den Herren loben............... 1
Ich will mich auf die Reis' begeben..........187
Ich will streben nach dem Leben..............134
Jehovah ist ein Geist........................156
Jesu, deine Passion.......................... 50
Jesu, Friede armer Sünder....................125
Jesu, geh' voran.............................146
Jesu, höre deine Kleinen..................... 86
Jesu, Jesu komm zu mir.......................149
Jesu, meine Freude...........................126
Jesu, meine Zuversicht....................... 60
Jesus ist der Kern der Schrift............... 6
Ihr Kinderlein kommet........................ 39
Ihr Waisen weinet nicht......................182
Im Anfang war's auf Erden.................... 16
Im Glauben und Vertrauen.....................137

Nro.
Immer muß ich wieder lesen.................... 45
In der Welt ist Finsterniß.....................131
In frohem Jubelton............................ 82

K

Kleine Sünder, kleine Sünder...................132
Komm, Geist, vom Thron herab.................. 69
Kommet her, ihr Christen...................... 71
Kommt, Kinder, anzubeten...................... 84
Kommt, Kinder, und lobet......................194
Kommt, o liebe Kinder......................... 53
Kommt, Schwestern, kommet..................... 81

L

Laß doch in meines Herzens....................157
Laß Lebensströme fließen......................110
Laß mich, Höchster, darnach...................171
Laßt die Kindlein zu mir kommen...............148
Lehre du mich beten...........................135
Liebster Vater, ich, dein Kind................133
Lobet den Vater, den weisen Erhalter der Seinen...... 12
Lobt froh den Herrn...........................192

M

Marter Christi, wer kann dein................. 54
Meinen Heiland im Herzen......................104
Mein Erlöser, der du mich.....................138
Mein Fels hat überwunden...................... 59
Mein Gott, die Sonne geht.....................161
Mein Gott, ich danke dir...................... 18
Mein Gott, wie groß ist....................... 24
Mein Heiland, du wollst dich..................121
Mein Herz will sich nicht trauen..............128
Mein Leib soll, Gott, dein Tempel sein........169
Mein Vater, der im Himmel..................... 21
Mir ist Erbarmung widerfahren................. 25
Morgenglanz der Ewigkeit...................... 92
Müde bin ich, geh' zur Ruh'...................102

N

Nimm, Vater, unsern Dank...................... 98

Nro.
Nun danket Alle Gott 191
Nun sind die schönen Stunden 96

O

O du fröhliche, o du selige 42
O Fels des Heils 139
O Gott, wie manches Heidenkind 77
O heil'ger Geist, kehr' bei uns ein 65
O heil'ger Geist, kehr' bei uns ein, mach' 68
O Herr, mein Vater, dein Gebot 167
O Herr, versammelt sind wir hier 87
O Jesu, süßes Licht 95
O ihr Friedenskinder 165
O laßt uns den freundlichen 193
O Liebesgluth, wie soll ich dich 23
O selig Haus, wo man dich aufgenommen 166
O Vater, Gott von Ewigkeit 11
O Welt, sieh hier dein Leben 52

R

Regt euch, alle meine Kräfte 14
Rosen welken und verblühen 180
Ruft getrost, ihr Wächterstimmen 72

S

Sagt mir nichts von andern 44
Sammelt, ihr Kinder, aus Lieb' 64
Schönster Herr Jesu 28
Schweigt vom Glücke und Geschicke 19
Seele, was ermüd'st du dich 154
Seht ihr dort auf grünen Fluren 32
Sei getreu bis in den Tod 173
Sei willkommen bei uns 111
Siegesfürst und Ehrenkönig 63
Sie ist da, die schöne Stunde 80
Singet und betet, ihr Kinder 85
So Jemand spricht: ich liebe Gott 164
So reiset denn, ihr Brüder 79
So ruhest du 55
Speis', o Gott, uns, deine Kinder 188

Nro.
Stille Nacht! Heil'ge Nacht 40

T

Theures Wort aus Gottes Munde 5
Treuer Heiland, Hirte deiner 143

U

Unsern Ausgang segne Gott 97

V

Von Grönland's Eisgestaden. 74

W

Wach' auf, mein Herz 'und singe 94
Was hätt' ich hätt' ich Jesum nicht 29
Was ist die Macht, was ist die Kraft 4
Weicht ihr Berge, fallt ihr Hügel 130
Weißt du, wie viel Sterne stehen 9
Weil ich Jesu Schäflein bin 31
Wen Jesus liebt 127
Wenn ich ihn nur habe 145
Wer ist der Mann von großer... 48
Wer nur den lieben Gott läßt walten 150
Wer zählt der Engel Heere 17
Wie bist du mir so herzlich gut 124
Wie groß ist des Allmächt'gen Güte 10
Wie herrlich ist's, ein Schäflein 147
Wie sie so sanft ruh'n 175
Willkommen schöner Morgen 90
Wirf Sorgen und Schmerz 152
Wir haben dieses Haus gebaut 116
Wir nahen uns, Herr Jesu Christ 109
Wir treten vor dein Angesicht 106
Wo findet die Seele die Heimath, die Ruh' 196
Wohlan, ein neuer Tag bricht an 91
Wollt ihr wissen, was mein Preis 120
Wort des Lebens, lautre Quelle 7

Z

Zeige dich uns ohne Hülle 160
Zeuch, Jesu, in die Herzen ein 49
Zum neuen Fleiße ruft 89